オトナ女子のためのお金の基本200

監修

ファイナンシャルプランナー

丸山晴美

宝島社

はじめに

消費税増税見送り、マイナス金利など、私たちのお金を取り巻く環境は常に変化をしています。その一方で、お金の話をどこか他人ごとのように聞き流していませんか？

自分にも関係あるような気がするけど、よくわからない。よくわからないままでも今ここにある生活は何とかなっているから、結局は何とかなると思っていませんか？　もし心当たりのある方はまずこの本の目次をみてください。「お金」と一言で済ますのは簡単ですが、そこにあるように、稼ぐ、使う、貯めるのほかにも、保険、税金、運用など「お金」はさまざまな項目が関連し合っています。

この本ではお金の知識の入り口部分を、できるだけわかりやすく解説しています。本書の使い方として、まずは興味のあるところから読み進めていき、少しずつその範囲をひろげていくことをおすすめします。

そして、いつも側に置いて知識を身につけて、実生活に役立てていただければ、監修者としてこれほど嬉しいことはありません。

2016年6月　丸山晴美

Contents

はじめに 2

Lesson 1

プライベートとお金の基本 7

- 人生にかかるお金はいくら?
- 結婚式にはお金がどのくらいかかる?
- 扶養に入ったらなにがどう変わる?
- 賃貸と分譲、将来的にはどっちがお得?
- 子育て、教育にはお金がどのくらいかかる?
- 離婚にはお金がどのくらいかかる?
- 老後はいくらお金が必要?
- 相続税ってなに?
- 保険って入っておいたほうがいいの?
- ポイント4重取りもできる超裏ワザ

etc...

Lesson 2

仕事とお金の基本 97

- 給与明細の見方
- 年末調整ってなに?
- 源泉徴収ってなに?
- 確定申告が必要なのはどんな人?
- 覚えておきたい「106万円の壁」
- 病気やケガで長期間休んだ場合の給料は?
- 失業保険はいつからもらえる?
- 退職金ってだれでももらえるの?
- マイナンバー制度で副業がバレる!?
- 財形貯蓄のメリットが知りたい

etc...

Lesson 3

お金の貯め方の基本

145

- あるだけ全部使っちゃう ノープランタイプの貯め方
- 貯蓄上手が実践している6つの習慣
- お金はどうしたら貯められるの？
- 人生には3回お金の貯めどきがある！
- 家計簿ってつけたほうがいいの？
- 現金で管理するのは生活費のみ！
- 手取り15万円でも最速1年で 100万円貯める方法
- ご祝儀関連のお金の相場
- 「マイナス金利」ってなに？
- 高金利でお得？ ネット銀行の特徴

etc...

Lesson 4

節約の基本

193

- 節約生活を長続きさせるコツ
- 食費節約のポイント
- 通信費節約のポイント
- まとめ買いして損するモノ、得するモノ
- 通販サイトのお得活用術
- 不用品は捨てずに売ってお金に換える！
- 節約だけじゃない！「替え活」のススメ
- 電力自由化ってなに？
- 格安SIM、格安スマホってなに？
- ふるさと納税のメリットは？

etc...

Lesson 5

お金の増やし方 239

- 貯蓄と投資は両方すべき？
- 証券会社はどう選べばいい？
- 人気のネット証券
- 「分散投資」でリスクを減らす
- 初心者が始めやすい「株式投資」
- よく聞く「配当金」と「株主優待」ってなに？
- 円高・円安の仕組みが知りたい
- 初心者が始めやすい「投資信託」
- 純金積立でコツコツ投資！
- NISAってなに？

etc...

Lesson 6

届け出だけでもらえるお金 281

- 届け出すればお金がもらえる、戻ってくる
- 傷病手当金
- 休業（補償）給付
- 高額療養費制度
- 「限度額適用認定証」で立て替えが不要に！
- 失業給付
- 出産手当金
- 育児休業給付金
- 不妊治療費助成金
- 高額介護サービス費

etc...

Lesson 1

プライベートとお金の基本

プライベートでのお金のことは知っているようで、
意外と知らないこともあるものです。
保険や結婚、住まいなど毎日の生活のなかで
確認しておきたいマネーの知識をレクチャーします。

Lesson 1

プライベートとお金の基本

001

人生にかかるお金はいくら？

結婚、出産、住宅購入などライフプランを見据えて貯蓄を！

日々の暮らしにはお金が必要。とはいえ、月々の給料で生活できていれば、貯蓄がなくてもお金に困ることは滅多にないかもしれません。しかし、独身時代はそれでなんとかなっていても、今後、人生の区切りになるライフイベントにはまとまったお金が必要になります。

とくに、20～40代はそれぞれ結婚や出産、住宅購入など、大きな金額が必要になるライフイベントが盛りだくさん。こうしたライフイベントを迎えたときにお金に困らないためにも、前もってお金を貯めておくことが重要なのです。

「30歳までに結婚したい！」「マイホームが欲しい」など、理想の人生を思い描いたときに、それにいくらお金が必要なのか知っておくことは大事なこと。その理想を叶えるために、いまなにができるかを考えてみましょう。

001

独身時代はマネーリテラシーを磨く時期

人生には、独身時代、夫婦共働き時代、子どもが独立してから定年前までとお金の貯めどきが3回あります。独身時代は自分のためだけに好きなだけお金を使える時期ではありますが、同時に、マネーリテラシー（お金の知識）を身につけておきたい時期でもあります。最初の貯めどきである独身時代に、なににいくら必要なのかを把握しておくことで、正しいお金の使いどころがわかり、貯蓄への意欲も高まります。

お金は過去に戻って貯め直すことはできません。今どれだけ貯められるかが、人生の節目の出費や老後の生活を左右します。日々の生活だけではなく、先々を見据えた貯蓄計画を立てて、1日でも早く実行に移すことが大切です。

まずは、次のページの「マネー人生すごろく」で、理想の人生にいくら必要かチェックしてみましょう。

この先どんなお金が必要？

女子のためのマネー人生すごろく

ひとり暮らし、結婚、出産、子育て、マイホーム購入。理想の人生を過ごすには、どれだけのお金がかかるのか。人生の節目にかかるマネーをざっくり見積もりました。

22歳 就職
約¥200,000

就職後はお仕事用の洋服代や、歓送迎会などお酒の席も増えるため交際費を多めに準備しておくこと。初任給をもらうまでの生活費を20万円ほど用意しておくと◎。

24歳 ひとり暮らし
約¥800,000

ひとり暮らしスタート。家賃設定は手取り月収の3割以内が基本。費用は敷金・礼金合わせて家賃の4カ月分、仲介手数料、翌月の家賃、火災保険などで約50万円。ちなみに、家電一式を揃える費用は13万円ぐらいが目安です。

25歳 転職
約¥1,000,000

資格取得を機に転職を決意。自己都合の場合、失業手当がもらえるのは3カ月半後。しかも給料が入るのは就職してから2カ月後なので、約半年分の生活費を事前に用意しておいて。

26歳 友達の結婚ラッシュ
約¥60,000／回

友達が続々結婚！　ご祝儀の平均額は3万円。さらにドレスや美容代で約2万〜3万円、2次会出席で約1万円。お祝い事だからこそ、冠婚葬祭費の準備を！

28歳 習い事
約¥20,000／月

趣味の延長で習い事を開始。料理教室とゴルフレッスンに、それぞれ月2回のペースで通うように。習い事の予算は月収の1割を目安に。

42歳〜
長女と長男の進学ラッシュがスタート
約¥31,140,000

子どもの進学ラッシュがスタート。私立だと入学金が約100万円。授業料だけでも3年間で約370万円かかります。高校か大学までエスカレーター式でない場合はさらに塾費用も加算！　中学〜大学まで私立に通わせた場合、子ども1人あたりの教育費が1557万円。2人いればその倍額に。

55歳 病気で入院
約¥150,000

子育てが一段落したころ、婦人科系の病気が発覚！　健康保険の高額療養費を請求。それに加えて、女性特有の病気に備えて医療保険に入っておくと、万が一のときにも安心です。

58歳 長女が結婚
約¥1,000,000

長女の晴れ舞台、親はどれくらい負担するもの？　地域差はありますが、足りない分を補てんするか100万円程度の援助が妥当な金額と考えて。

双方の
両親からの援助
＋約¥2,000,000

29歳 結婚
約¥3,000,000

挙式、披露宴のほかに新居の引っ越し費用や新婚旅行などを考えると、夫婦互いに300万円は必要。ご祝儀は結婚後の生活のために蓄えておきましょう。

専業主婦派：ここから夫の収入だけで生活する覚悟を。20〜30代の平均月収25万〜30万円でやりくりする家計力が必要！

マイカー購入
約¥3,000,000

車の代金のほかに、毎月の駐車場代も必要。5人乗りのファミリーカーなら、価格はおよそ300万円。さらに年間維持費が約50万円。東京郊外でも駐車場代に月2万円以上かかることも！

お仕事
ストップ

30歳 長女出産
約¥540,000

待望の第1子が誕生！　支給される出産育児一時金は42万円。分娩・入院費のほか健診費用や出産準備品などに20万円はかかると想定して。

33歳 長男出産
約¥400,000

続いて長男も出産。ベビー用品やおもちゃなどは長女のおさがりを活用。2人目にかかる費用は、おもに分娩費用と考えて。

お仕事
再スタート

35歳 マンション購入
約¥50,000,000

念願のマイホームを購入♡　都内23区にマンションを買うなら5000万円はかかるとみて。頭金や諸経費を合わせて、1500万円ほどの準備金が必要。しっかり貯めておいて。

お仕事続ける派：出産後もお仕事を続けてマンションの名義も夫婦で共有名義にすれば、支払い期間が短縮。繰り上げ返済で早期完済を！

家具買い替え
約¥1,000,000

引っ越しに伴い家具を新調。家具以外にも、カーテンやこまごまとした日用品に意外とお金がかかるもの。なるべく以前のものを使用してコスト削減を心がけましょう。

59歳 長男が結婚
約¥1,000,000

ついに長男も結婚！　男性の場合は結納金が発生。地域や家庭によって異なりますが、80万〜100万円が相場。最近では結納金の代わりに指輪や物品を贈呈するケースも。

60歳 定年退職
＋約¥5,000,000

長年勤めた職場を定年退職。気になる退職金は、女性の場合、再就職で35歳から25年間働いて500万円程度。男性の場合、一部上場企業なら満期で1000万〜2000万円が相場。

定年後

リタイア後、90歳まで生活をするとして夫婦2人で月36万円は必要。年金があるとはいえ定年前に住宅ローンを払い終えて、退職金はそのあとの生活に回すのが理想的！

GOAL!!

総額……22〜90歳までで
約2億2760万円!!

Lesson 1
プライベートとお金の基本
002

ひとり暮らしにかかるお金はいくら?

ひとり暮らしの初期費用の目安は80万円!

気ままな生活と引き換えに、思っている以上に出費がかさむひとり暮らし。ひとり暮らしの最初の作業が部屋探しとなりますが、このとき重要なのが家賃の設定です。家賃の目安は、手取り収入の3割以内に設定しましょう。毎月必ず生じる大きな出費になるので、3割を超えてしまうと、ほかの生活費や貯蓄へお金を回すことが難しくなってしまいます。

ひとり暮らしにかかるおもな費用は、入居費用、引っ越し代、家具、生活用品の購入など、トータル50万~80万円はかかるとみて。初めてのひとり暮らしで家具、家電をすべて新調するなら、トータル100万円ほど予算を見積もっておくのが無難です。

部屋を借りるときに発生する入居費用の内訳は、敷金、礼金、仲介手数料、前家賃など。そのほか、火災保険料などが必要な場合もあります。敷金・礼金の額は物件によって異なりますが、それぞれ家賃の2カ月分ずつというのが一般的です。

ひとり暮らしにかかる費用を算出!

契約から家具搬入、
引っ越しまでひとり暮らしの総費用はいくらかかる?

家賃¥73,000の場合の一例

- 前家賃…¥73,000(1カ月分)
- 敷金…¥146,000(2カ月分)
- 礼金…¥146,000(2カ月分)
- 仲介手数料…¥73,000(1カ月分)
- 火災保険料…¥25,000
- 鍵の交換費…¥20,000
- 引っ越し費用…¥30,000
- 家電購入費(冷蔵庫、炊飯器、電子レンジ、洗濯機、テレビ、掃除機)…¥130,000
- 家具購入費(ベッド、テーブル、姿鏡、衣装ケース)…¥70,000
- 日用品購入費(インテリア用品、食器類etc)…¥30,000

合計¥743,000

Lesson 1

プライベートとお金の基本

003

お得に引っ越しするコツは？

家賃だけでなく、住環境も重視して

家賃を安く抑えることは、物件を決めるときの大きなポイントです。しかし、家賃は安いけど不便な物件は、結果的に損してしまうことも。たとえば、駅から遠くて頻繁にタクシーを使ったり、駅前にスーパーやドラッグストアがなくて、生活用品をコンビニで済ませてしまったりすると、結局ムダな出費が増えてしまうこともあります。多少の金額差であれば、生活環境が整っているかどうかも踏まえて物件を選びましょう。

また、家賃や敷金・礼金などは交渉次第で値下げしてもらうこともできるので、部屋探しの際に相談してみるといいでしょう。うまくいけば、入居費用を安く抑えられます。長期間空いている物件などは、大家も空室にしておくよりはマシと、受け入れてくれやすいので交渉の余地があります。

003

「ひとり暮らし」する前にココをチェック！

**知っているようで意外と知られていない、
お得に引っ越しをするコツや裏ワザを紹介。**

Check 1

とにかく安く引っ越したい

近距離引っ越しなら、料金が距離換算の「赤帽」がおすすめ。ただし、荷物の梱包・荷解きは自分で行うことになります。2階以上でエレベーターなしの物件は、別途料金が発生する場合もあるので、事前に必ず確認を。シングルならまず3万円で打診してみて！

Check 2

入居費用の落とし穴

たいていの物件は、入居時に敷金・礼金に家賃1カ月分の仲介手数料が発生します。でも実は、仲介手数料は借主が負担とする決まりはナシ。借主か大家が払えばいいものなので、不動産屋との交渉次第で、負担を折半かゼロにすることも可能です。

Check 3

更新or引っ越し、どっちがお得？

引っ越し費用を考えれば、更新したほうが安くおさまります。今の部屋にさほど不満がなければ、更新したほうが賢明。ちなみに、更新料は手数料込みで家賃の1.5カ月分が一般的です。さらに通常の家賃もかかるので、更新月は2.5カ月分の家賃が必要なことをお忘れなく。

Check 4

敷金を多く戻す裏技

退去後の壁紙の張り替えや、畳の交換などの料金は自己負担するものと思いがち。でも実は、多少の汚れや畳の傷みは普通の生活を送っていても起こる経年劣化なので、借主が払う義務はありません。「賃貸住宅トラブル防止ガイドライン」を参考に交渉を！

賃貸住宅トラブル防止ガイドライン
http://www.toshiseibi.metro.tokyo.jp/juutaku_seisaku/tintai/310-4-jyuutaku.htm

結婚式にはお金がどのくらいかかる？

結婚式費用の平均は340万円！ほとんどはご祝儀でまかなえる

結婚にかかるお金と聞くと、まず思い浮かべるのが「結婚式」のこと。挙式、披露宴・披露パーティの総額は平均340万円。場所、ゲストの人数、挙式内容などによって金額は前後しますが、300万円程度を目安にしておくといいでしょう。結婚式の費用は、夫婦で折半か人数割（ゲストの割合）で負担するケースがおもなようです。結婚式の費用はご祝儀でまかなえるので、実質それほど費用はかかりません。つまり、ご祝儀でまかなえなかった分だけの負担ということになります。

会計は披露宴後なので、ご祝儀で費用を支払う人も多いですが、クレジットカードで払えばスムーズかつ、ポイントも一気に貯まってお得です。その際は、事前にカード会社に連絡をして、利用枠を一時的に大きくしておくとよいでしょう。

金銭感覚の擦り合わせは事前にしておくべし

結婚式以外にも約330万円が必要!

婚約から結婚までには、両家の顔合わせ、結納・結納返し、新婚旅行、新居の契約・引っ越し費用、家具・家電の購入費など、結婚式の費用を除いても約330万円の費用が必要になります。

ただし、結婚指輪の金額や新婚旅行のグレード、親と同居するかなど本人たちの考え方や置かれた状況によって、かかる金額はさまざま。また、結納なども地域によって風習やしきたりが異なるので、金額や内容は両家でよく話し合って決めましょう。また、顔合わせの際にかかる交通費や、式場見学の交通費・諸経費も発生します。こうしたこまごまとした出費も積もれば大きな出費となるので、臨時出費も含めて1人200万円ほど婚約中に準備しておけると安心です。また、結婚式の費用をどっちが負担するのか、結婚後の家計をどう管理するのかなど、婚約中にお互いのお金に対する価値観を擦り合わせておきましょう。

? 両親の援助は?

なし… 67%

あり… 33%

親の力は借りずに、自分たちで費用を工面したカップルが6割超え!

? ご祝儀(お祝い金)と出費のバランスは?

ご祝儀…70%

実費… 30%

見積もり総計からご祝儀平均3万円×ゲストの人数を引いた金額が実費額とあらかじめ目安を立てておくと安心!

? 2次会で支払った費用は?

平均 7 万円

会費制がほとんどなので、自己負担はごく少額。最近は2次会ナシで挙式のみというカップルも増えている様子。

? 結婚指輪のお値段は?

平均 29 万円

ちなみに……
もっとも多かったのは
16万~20万円

金額は2人分の合計。もっとも多かった価格帯は16万~20万円、続いて21万~30万円と、カップルによって金額の差はあるようです。

? ウェディングドレスはレンタル or オーダー?

レンタル… 75%

オーダー購入… 25%

海外挙式や事情により2回着用する場合は購入することが多いとか。レンタルだと割引特典がつくことも!

先輩花嫁に聞きました

みんなの結婚式マネーはいくら?

どんなものにいくらかかるのか、気になる結婚式の内訳をリサーチ!

※宝島社「steady.」アンケート調査

? 結婚式費用(挙式+披露宴)の総額は?

20〜24歳…平均375万円

25〜29歳…平均300万円

30〜35歳…平均258万円

年齢と結婚式にかける費用は反比例する結果に。若い人ほど式にこだわる傾向あり?

? 結婚式費用の負担者は誰?

負担額の割合に差はあれど、2人で折半するのが大半。足りない分は花嫁のご両親が援助するパターンも多いみたい。

1位…新郎50%:新婦50%

2位…新郎35%:新婦35%:新婦両親30%

3位…新郎40%:新婦40%:新郎両親10%:新婦両親10%

? ウェディングドレスのお値段は?

一番多かったのは21万〜30万円の価格帯。一般的に、式場プランを利用する場合はドレス代も組み込まれているそう。

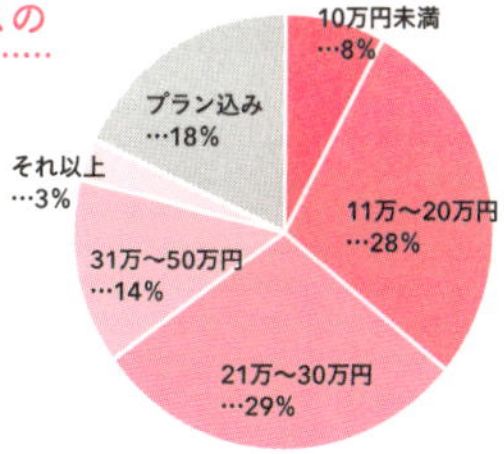

入籍したら社会保険はどうなる？

夫の扶養になるか否かで変わる

入籍をして姓が変わると、預金口座や各種保険などさまざまな変更手続きが必要になります。会社員として企業に勤めている女性であれば、社会保険に加入していると思いますが、入籍後に夫の扶養になるかどうかで手続き方法が変わります。

入籍後に夫の扶養家族にならなければ、特になにも変わりません。これまでどおり、会社から結婚届（または身上異動届）をもらい、氏名や住所を書いて提出すれば、健康保険や年金などの住所・氏名は会社のほうで変更の手続きをしてくれます。

入籍後に夫の扶養になる場合は、夫の会社（夫が妻の扶養になる場合は妻の会社）に「被扶養者届」を提出しなければなりません。扶養に入ると、健康保険料、国民年金保険料の自己負担がなくなります。しかし、扶養に入るには年収１３０万円未満（２０１６年10月以降は注意。Ｐ１２８で詳しく解説）であることが条件。入籍後も仕事を続けるけれど扶養家族に入る場合は、年収１３０万円を超えないように気をつけましょう。

入籍したら行うお金にまつわる手続き

**入籍して氏名や住所の変更に伴い、
各種サービスの手続きもすぐに行いましょう。**

☑ 健康保険

夫の扶養に入る場合は夫の会社で変更手続きを。扶養に入らなければ自分の会社に氏名と住所変更の届けを提出しましょう。

☑ 年金

国民年金に加入中の人は、市区町村の国民年金担当課へ氏名変更届の提出を。厚生年金や共済年金に加入中の人は、職場で氏名変更届を提出しましょう。

☑ キャッシュカード、預金通帳

利用している銀行の窓口に行くと必要書類を案内してくれます。キャッシュカード、通帳、印鑑、新しい印鑑（変更後の姓のもの）などが必要です。

☑ クレジットカード

クレジットカード会社に連絡をして、名義変更に必要な書類を送ってもらいましょう。会社によっては、ウェブ上で変更可能なところも。

☑ 生命保険などの各種保険

保険会社に連絡をして、名義変更に必要な書類を送ってもらいましょう。

Lesson 1

プライベートとお金の基本

007

扶養に入ったらなにがどう変わる?

妻は健康保険、年金、住民税が免除される

結婚してサラリーマンの夫の扶養に入ったら、夫1人分の支払いだけで妻も健康保険のサービスが受けられます。さらに健康保険と同じく、国民年金の保険料や所得税、住民税の支払いも妻の自己負担分は免除されます。そう聞くと、扶養に入ったほうがお得な気がしますが、それには条件があります。

まず、健康保険の場合、年間の収入が130万円未満(60歳以上または障害者の場合には180万円未満)であること。次に、扶養者(夫)と同居していること。そして、妻の収入が原則として扶養者(夫)の収入の2分の1以下であること。つまり、130万円未満であれば、妻も働いて収入を得ることが可能です。ただし、103万円を超えると所得税が発生します。また、夫の扶養に入った場合は、年末調整の際に夫が配偶者控除を受けることができます。

2016年10月から、夫の扶養に入れる条件が改正され、年収130万円未満から106万円未満に引き下がります(P128で詳しく解説)。

扶養に入る2大メリット

**夫の扶養に入るのはお得!?
どんなメリットがあるのか確認してみましょう。**

①税金

所得税と住民税の支払いがなくなる

所得に対して発生するのが「所得税」と「住民税」。所得税は103万円、「住民税」は100万円を超えると税負担が発生するので、妻は年間の収入が100万円以下であれば所得税と住民税は非課税になります。

②社会保険

健康保険料・年金の支払いがなくなる

妻の年間の収入が130万円未満なら、妻の健康保険料と年金の保険料は支払わなくてOK。夫1人分の負担額で妻の分もフォローしてくれます。また、夫の年末調整の際に、配偶者特別控除が受けられます。

妊娠・出産にはお金がどのくらいかかる？

ママのワーキングスタイルでもらえる〝出産マネー〟が変わる

出産・育児にはなにかとお金がかかりそうですが、妊娠してから出産するまでの間は、女性をサポートしてくれるさまざまな助成制度があります。ただし、すべての女性に共通するものと、そうでないものがあり、これらは居住地や年収、働き方によって条件が異なります。

たとえば、妊娠中も仕事を続け育休を取る場合は、自身の加入する健康保険や雇用保険から「出産手当金」（Ｐ３００で詳しく解説）、「育児休業給付金」（Ｐ３０４で詳しく解説）がもらえます。その他の制度は専業主婦も同様に適用されますが、居住地や夫婦の年収・月給によって金額に差が出るものも。「児童手当」は所得制限があり、同じ専業主婦でも夫の年収が高ければ支給額が減額されます。ただし、同じ働くママでも、自営業やフリーで国民健康保険に加入している人は、「出産手当金」と「育児休業給付金」はもらえません。

出産により退職するママは、妊娠健診費用の補助、出産育児一時金（Ｐ３０２で詳しく解説）、児童手当、お祝い金、医療費控除（Ｐ３０３で詳しく解説）、乳幼児医療費助成に加え、失業給付の受給期間の延長が認められます。入ってくるお金を取りこぼさないように、自分が利用できる制度の手続き方法や申請期限を、あらかじめ確認しておくと安心です。

産院選びが出ていくお金を減らすポイント

妊娠・出産で入ってくるお金を有効に使うには、出ていくお金をいかに抑えるかが重要。まず、出産までの医療費は「妊娠健診費の補助券」と「出産育児一時金」で、ほとんどまかなうことができます。しかし、産院によっては平均額を大きく上回るところや、出産が深夜、早朝、休日にあたると割増料金がかかる場合も。また、妊娠健診も初回は検査が多く、補助券を利用しても自己負担金が発生します。費用が心配なら、事前に産院に確認しておくといいでしょう。

009

賃貸と分譲、将来的にはどっちがお得？

支払い総額はほぼ互角！ 購入価格や家賃以外の出費も計上して

人生の大きな出費のひとつが「住宅」。結婚や年齢をきっかけに、そろそろ家を購入しようか、それともこのまま賃貸物件に住み続けるか、今後の住まいについて考え始める人も多いでしょう。その判断の鍵となるのが、結果的にどっちが得なのか？ どちらを選択するにせよ、家賃や購入金額だけでなく、それぞれにどんなコストがかかるのかについても知っておくことが重要です。

購入した場合は、住宅ローンの返済のほかに、火災保険や地震保険などの保険料、固定資産税、分譲マンションなら管理費や修繕積立金などの維持費がかかります。一方、賃貸の場合は、毎月の家賃と2年に1回の更新料、転居した際の引っ越し費用などがかかります。50年間の支払い総額を比較してみると、結果はほぼ互角。ローンや維持費を考えると、どっちが得かは言い切れません。自分の家を持つ満足感か、いつでも引っ越せる気軽さを重視するか、ライフプランや価値観も視野に入れて住まい選びを検討しましょう。

賃貸or分譲　支払いを比較！

このまま家賃を払い続けるのと、思い切って家を購入するのでは、
結果的にどっちがお得？

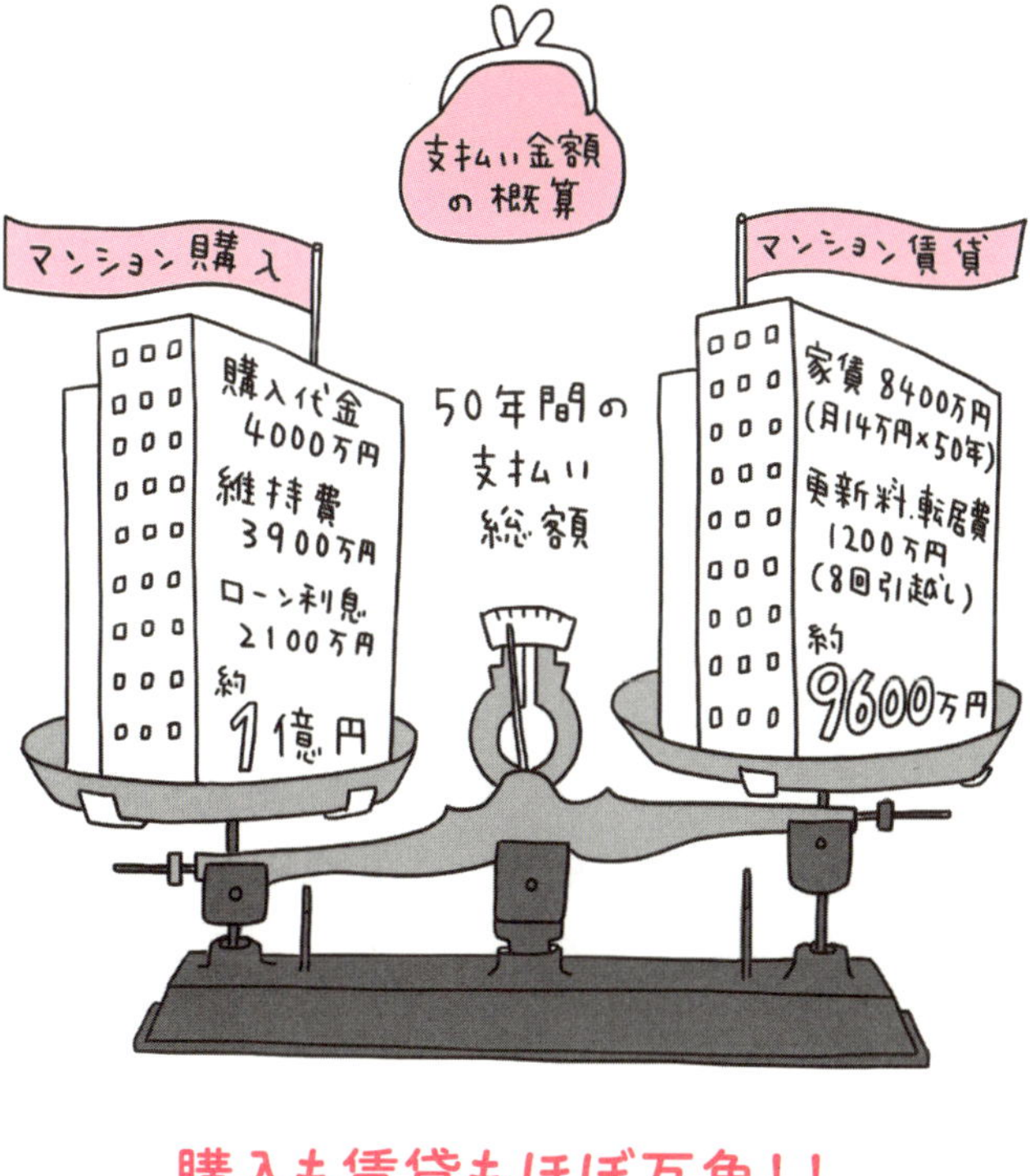

購入も賃貸もほぼ互角！！

Lesson 1
プライベートとお金の基本
010

マイホームが欲しい！頭金はいくら必要？

頭金は物件価格の3割。名義人によりローン額も変化

「家が欲しい」と思ったとき、キャッシュで一括購入ができたら理想的ですが、現実は資金の一部を頭金として用意して、残りは住宅ローンを組んで支払っていくケースがほとんどです。頭金の一般的な目安は物件価格の3割といわれていますが、頭金が多ければ多いほどローン返済が楽になるので、3割といわずそれ以上あるに越したことはありません。また、3割のうちの1割は登記費用や不動産取得税、引っ越し費用などの諸経費にかかることも覚えておきましょう。

住宅ローンを組むとき、だれの名義にするかによって銀行から借りられる金額が変わります。住宅ローンの申し込みには名義人の3年間の所得証明の提出が必要で、それを基準に融資枠を審査します。夫と妻、それぞれの収入と頭金で、購入物件を検討するのも一案です。

住宅ローンの組み方

毎年の返済額から借入額を考えよう

住宅ローンの月々の返済は、年収の20～25％を月換算した金額を目安にしましょう。一般的に住宅ローンは30年か35年で組みますが、その返済年数によっても月々の返済額はかわってきます。長期の借入となる住宅ローンは、将来の金利上昇を想定して金利３％で考えます。仮に、年１２０万円返せるなら、返済期間35年で２５９０万円、返済期間30年なら２３７０万円借りることができます。

また、住宅ローンの金利にも注目。固定金利（一定の期間は決まった金利が適用）、変動金利（そのときの金利の変動に連動した金利が適用）など、タイプがいくつかあるので、住宅ローンを利用する際はよく考えて返済計画を立てましょう。

親から住宅購入資金を援助してもらう際の注意

「暦年贈与」を利用して贈与税をカット！

住宅購入の資金を親から援助してもらうケースもあると思います。このとき注意したいのが「贈与税」です。贈与税とは、生きている人から年間110万円を超えるお金を贈与されると発生する税金のことで、110万円を超えた額に税率をかけて算出した金額が贈られた人に課税されます。

しかし、裏を返せば110万円までなら贈与税はかかりません。親から資金援助を受ける場合は、年間110万円以内に収めたり、超過するぶんは翌年に繰り越したりすれば、非課税になります。これを「暦年贈与」といって、長期間毎年110万円以内で贈与していくと節税効果があります。

親からの贈与は2500万円までなら非課税になる制度もあり

生前贈与（P46で詳しく解説）には「相続時精算課税制度」もあります。これを利用すれば、2500万円までなら60歳以上の父母または祖父母が、※20歳以上の子または孫に贈与した場合、贈与税が非課税になります。

ただし、この制度を利用すると「暦年贈与」に変更はできないので、どちらの制度で節税するか慎重に判断しましょう。

また、「住宅取得等資金の贈与税の特例」は一定の要件を満たすことで、住宅取得資金のうち、父母や祖父母などからの一定金額について贈与税が非課税となる制度もあります（P46で詳しく解説）。

※祖父母の場合は孫が推定相続人であることが条件。

Lesson 1
プライベートとお金の基本
013

子育て、教育にはお金がどのくらいかかる？

出産から大学卒業までにかかる費用は約3000万円！

住宅費用と並んで、人生の大きな出費となるのが子どもの養育費です。大学を卒業して社会人になるまでを前提に考えると、子どもが生まれてから大学を卒業する22歳になるまでの基本的養育費が約1640万円。この基本的養育費には、出産・育児費用（約91万円）、食費（約671万円）、衣料費（約141万円）、保健医療・理美容費（約193万円）、おこづかい額（約451万円）、おもちゃやゲームなどの私的所有物代（約93万円）が含まれます。ちなみに、基本養育費を月換算してみると（出産・育児費用を除く）ひと月あたり約5万8000円かかる計算に。

さらにそこへ教育費が加算されます。教育費は、私立か公立か進学するコースの選択によって大きく金額差が出ます。すべて公立に通った場合で約3000万円、すべて私立だと約3800万円かかるともいわれています。これに習い事が加われば、教育費はさらに膨らみます。

出産から大学卒業までの総費用

子どもが生まれてから大学卒業するまでに、
どんなことにいくらぐらいお金がかかるのか内訳をチェック!

基本養育費

1人の子どもが生まれてから大学卒業までの
22年間の費用(教育費は除く)は…

約1640万円

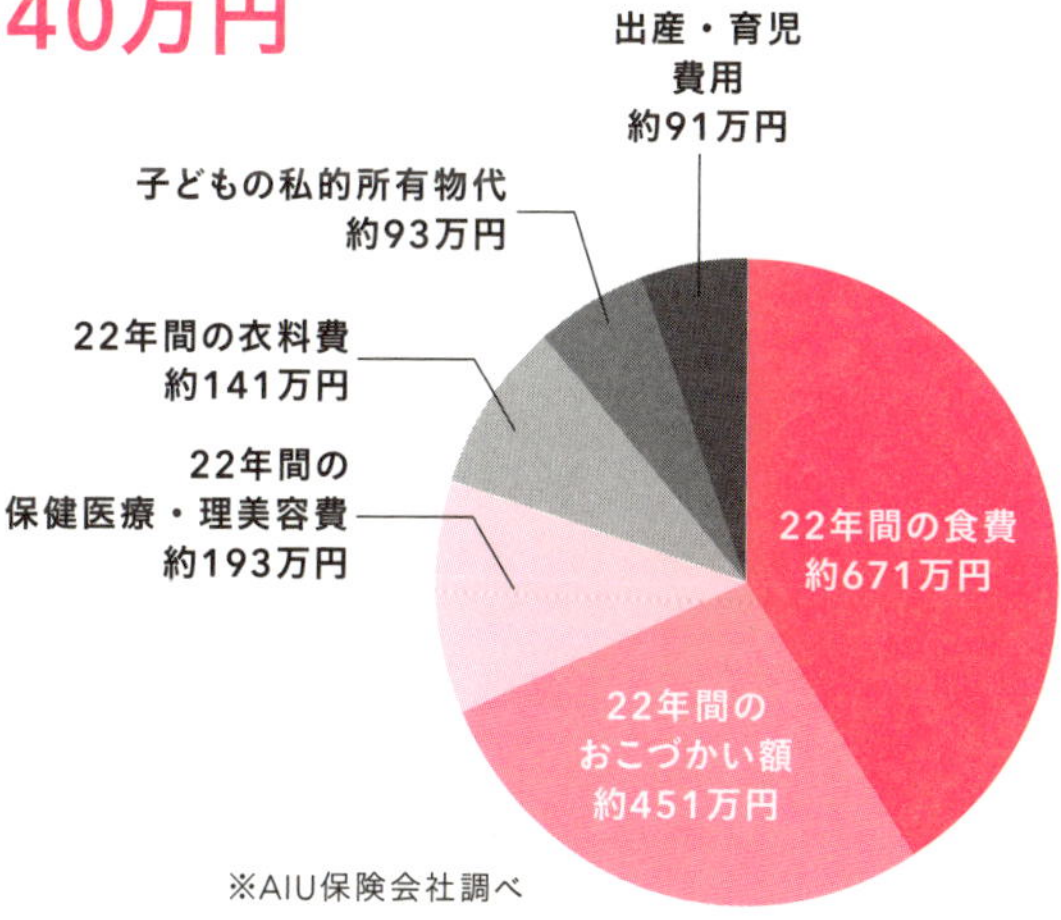

※AIU保険会社調べ

教育費の平均額(22年間)	すべて公立の場合…約**1345**万円 すべて私立(理系)の場合…約**2179**万円
子育てにかかる総費用(基本養育費+教育費)	すべて公立の場合…約**2985**万円 すべて私立(理系)の場合…約**3819**万円

教育資金の貯め方

進学時期を逆算して出産後から貯蓄スタート

子どもの教育費は、幼稚園から大学まですべて公立に通った場合でも1300万円以上かかります。大きな金額ではありますが、入学や進学の時期は決まっているため、教育費は予測できる出費。逆算して毎月いくら貯めればいいか、子どもが生まれた段階から準備を始めましょう。

まず出産後から、子ども1人あたり月2万5000円は積み立てておきたいところ。10年間の積み立てで300万円が準備できます。その積立金と、パートなどで世帯収入を増やし貯蓄額を倍の月5万円に上げて、8年間続けます。それとは別に出産後から月1万5000円の積立を大学資金として準備しておくと、18年間で324万円が貯まります。これで、初年度の入学金と授業料はまかなえます。子どもが生まれてから18歳になるまで、毎月4万～6万5000円を積み立てていくと、教育費の貯蓄合計額が864万～1104万円貯まります。ひとり暮らしをする場合はさらに出費がかかるので、足りなければ学資保険や奨学金制度などを利用するのもいいでしょう。

教育費が足りないときの手段

**コツコツ貯めても教育費が足りない場合は、
以下の手段を利用するのもひとつ。それぞれの特徴を比較してみて。**

●学資保険に加入

教育資金を積み立てながら、子どもが病気になったときの保障や、親が死亡した場合の教育費を負担してくれる「育英年金」などがついた保険商品。教育費の積み立てと併用すると安心。

●奨学金制度を利用

子どもに高額な費用をかけて進学させるという自覚を持たせるためにも、奨学金制度の利用も一案。日本学生支援機構の奨学金には無利息の「第一種奨学金」(借入額は月3万～6万4000円：大学)と、利息つきの「第二奨学金」(月3万～12万円：同)があります。

●教育ローンを利用

一般的に「国の教育ローン」といわれる日本政策金融公庫の教育一般貸付。金利は低めで無担保、固定金利なのが特徴。いくつか条件はありますが、子ども1人につき350万円以内、返済期間は15年以内です。

Lesson 1

プライベートとお金の基本

015

離婚にはお金がどのくらいかかる？

別居後の生活費や財産分与を請求できる

しあわせな結婚生活が続くに越したことはありませんが、夫婦関係を解消して離婚するという結論もあります。しかし、離婚後の生活費や、子どもがいれば子どもの養育費、引っ越し先費用など、離婚するには、なににどのくらいのお金が必要なのでしょうか。

別居後の生活費は、夫が妻に支払う義務があります。これは婚姻費用分担請求といって、夫婦には相互に生活を保障する義務があり、離婚が成立するまで夫よりも妻のほうが収入が少ない場合は、夫に生活費を請求することができます。離婚が話し合いでまとまらない場合は弁護士費用などが発生します。

結婚後に築いた預金や不動産、家具・家電、車などは夫婦の共有財産のため、名義に関係なく、妻も財産分与を請求する権利があります。子どもの養育費は前年度の夫婦の年収で決まりますが、基準（500万なら月々4万〜6万円）はあるものの、実際には話し合いで決めることが多いようです。払われない場合は、夫の財産差し押さえも可能です。

離婚する前に知っておきたいお金のこと

別居、離婚を考えたら、準備しておくべきお金やその後必要なお金のことも知っておきましょう。

離婚・別居にまつわるお金と準備

お金を貯めておく

離婚・別居には引っ越し費用や、話し合いで離婚がまとまらなければ弁護士費用などが発生します。まとまったお金が用意できるように、結婚前の預金は崩さずキープ!

離婚後にかかる費用を確認しておく

離婚したあとも継続的な生活費が必要。専業主婦なら就職後に稼げる給料や、夫からもらえる養育費などの合計が、離婚後にかかる費用を上回るようにしましょう。

離婚でもらえるお金を確認しておく

別居したら「婚姻費用分担請求」で、別居後から離婚するまでの生活費用を請求。夫の不倫やDV、モラハラがあった場合は慰謝料請求も可。結婚後に築いた財産分与、子どもの教育費も請求できます。

離婚とお金Q&A

Q どんな理由だと慰謝料を請求できる?

A 夫の浮気・不倫、夫からDVやモラハラを受けた、夫が生活費を渡さない、夫が理由もないのに同居を拒否する、夫が拒否するためにセックスレスである、といった場合に慰謝料が請求できます。

Q 別居したけど就職先が見つからない

A 離婚が成立するまでの期間は、婚姻費用分担請求によって夫から生活費を支払ってもらえます。離婚後は、状況により生活保護、児童手当、児童扶養手当などの手当金を受け取れます。

老後はいくらお金が必要？（夫婦の場合）

10年で約2580万円が必要。目標3000万円の老後貯蓄を！

近い将来の目的のためにお金を貯めることも大事ですが、元気に働けるうちから老後のことも考えなければいけません。定年後の暮らしには、いくらお金が必要なのでしょうか？

総務省「家計調査」（平成27年）によると、世帯主が60歳以上・無職世帯の夫婦で、ひと月平均約28万円の生活費がかかります。各家庭のライフスタイルによりますが、これが老後の生活費の目安になります。これを単純計算すると、年金受給前の5年間の生活費が1680万円。65歳からは年金が収入の軸になりますが、20歳から60歳まで国民年金を支払った場合の満額受給だとしても、もらえる年金は月6万5000円ほど（年額78万100円）※。夫婦の年金をあわせても12万～13万円程度で、生活費が約15万円足りない計算に。年金分を差し引いても、60歳以降の10年間で約2580万円が必要になります。

ゆとりのある老後を過ごすには、60歳までに3000万円を目標に貯めること。今の年齢から逆算して老後の貯蓄を少しずつでも始めましょう。

※平成28年4月分からの年金額

老後に必要な生活費の内訳

リタイア後の生活には、なににどれくらいかかるもの？
平均金額をみてみましょう。

食費	68,405円
住居費	16,613円
水道光熱費	22,957円
家具・家事用品	9,953円
被服等	8,058円
保健医療費	15,057円
交通・通信費	28,839円
教育・教養娯楽費	26,152円
交際費	27,579円
その他支出	57,752円
合計	281,365円

※総務省家計調査（平成27年）より作成

年金はいくらもらえる？
（公的年金の平均受給額）

厚生年金…月額約17.9万円
国民年金…月額約 5.4万円

出典：厚生労働省年金局「平成26年度 厚生年金保険・国民年金事業の概況」65歳以上男子

老後はいくらお金が必要？（シングルの場合）

シングル女性は老後の生活に約5100万円必要！

夫婦と違って夫の収入や年金をアテにできないシングル女性の場合、老後にどのくらいお金が必要なのでしょうか？

総務省家計調査（平成27年度）によると、60歳以上・無職でひとり暮らしをしている人の生活費は、ひと月平均で約14万3０００円がかかっています。厚生年金の平均受給額は約10万8０００円。月々約3万5０００円足りない計算になります。それをベースに60歳から70歳までに必要な生活費を計算すると、10年間で約１７１６万円。30年間で約５１４８万円は必要になります。もらえる年金分を差し引いても約１９０８万円足らない計算になります。

住宅ローンがある場合は定年前に完済を目指して、働ける若いうちに、老後のお金も貯めておきましょう。

老後に必要な生活費の内訳

リタイア後の生活には、なににどれくらいかかるもの？
平均金額をみてみましょう。

食費	35,094円
住居費	13,807円
水道光熱費	13,376円
家具・家事用品	5,178円
被服等	4,459円
保健医療費	8,342円
交通・通信費	12,513円
教育・教養娯楽費	15,821円
交際費	20,279円
その他支出	14,526円
合計	143,395円

※総務省家計調査（平成27年）より作成

年金はいくらもらえる？
（公的年金の女子の平均受給額）

厚生年金…月額約10.8万円
国民年金…月額約 5.4万円

出典：厚生労働省年金局「平成26年度 厚生年金保険・国民年金事業の概況」65歳以上女子

Lesson 1

プライベートとお金の基本

018

お葬式にはお金がどのくらいかかる？

葬儀の費用は200万円台。お墓は150万円から

前もってお金の準備ができる結婚式と違って、お葬式は予期せぬときに行うこともあります。突然の不幸が身内に起こったとき、葬儀にはどのくらいお金が必要なのでしょうか。

一般的に葬儀にかかる平均費用は200万〜300万円といわれていて、かなり高額です。もちろん内容によって費用を抑えることも可能です。葬儀の費用はおもに、①葬儀一式費用、②飲食接待費用、③宗教者への支払いの3つに分かれています。故人が国民健康保険加入者の場合は3〜7万円程度の葬儀費が、社会保険加入者の場合は埋葬費として一律5万円の支給があります。どちらも必要書類を揃えて申請をしないと支給が受けられないので注意しましょう。

ちなみにお墓は総額（土地代＋墓石工事費一式）で購入する場合、平均額が150万〜300万円。土地によって永代使用料（土地代）が変わります。

葬儀に必要な費用一式

特別な準備や儀式が必要なお葬式。葬儀を行うためには
どのくらい費用がかかるのか、葬儀三大費用をご紹介。

①葬儀一式費用

祭壇、棺、寝台車、式場設備など、葬儀を執り行うために必ず必要になるものが含まれています。総費用の半分を占めるのがこの費用になるので、見積書の内容をしっかり確認しましょう。

＋

②飲食接待費用

通夜、告別式の後に会葬者や手伝ってくれた人にふるまう接待料理と、返礼品の費用が含まれています。人数や内容によって増減するため一概には言えませんが、おおよそ総費用の２～３割を占めます。

＋

③宗教者への支払い

仏式の場合、読経料や戒名料など僧侶に依頼する内容（通夜、葬儀、告別式、火葬場、初七日法要など）、お車代、お膳料にかかる費用です。宗派や神式、キリスト教式の場合などで大きく異なります。

＝

葬儀の総費用

全国平均は
約200万円

※財団法人日本消費者協会（平成22年）

Lesson 1
プライベートとお金の基本
019

相続税ってなに？

万が一のときがくる前に、話し合いと節税対策を

両親や祖父母が元気なうちは、「相続」なんていつかはあるだろうけどまだまだ先の話と思いがち。しかし、その「いつか」はある日突然やってきたりするものです。そして、両親や祖父母が残した財産を相続するときに場合によっては相続税が発生します。いざというときに慌てないように、制度の内容を確認しておきましょう。

相続税とは、故人の持っていた財産を相続するときに納める税金のこと。さまざまな控除があり、場合によっては納税額が0円となることもあります。２０１５年から基礎控除額が引き下げられ、実質的な増税になり、相続税を納めなくてはいけない人が増えています。ちなみに、法律で決められた相続人を法定相続人といい、故人の配偶者や子どもたちなどが当たります。節税できる制度がいくつかあるので、それを上手に利用して少しでも納税額を減らすことをおすすめします。

相続税の基礎控除額の変更点を確認!

**2015年に基礎控除額が減額され、相続税が増税に。
変更後の控除額をあらためて確認!**

●基礎控除額

法定相続人が2人なら
7000万円

変更前

5000万円+(1000万円×法定相続人の数)

⇓ 縮小

法定相続人が2人なら
4200万円

変更後

3000万円+(600万円×法定相続人の数)

生前贈与で節税対策！

教育資金や住宅購入を「いつか」の前に援助してもらう

相続税を少しでも減らすには、課税対象になる財産やその評価を生前に減らすことが大切です。節税に有効な制度のなかには、自分たちの夢を叶える一助になるものもあるので、「いつか」がくる前に活用するのも手段のひとつ。

まず、「暦年贈与」という制度の利用で節税が可能に。P30でも解説しましたが、暦年贈与とは1月1日から12月31日の1年間で、贈与額が110万円以下であれば課税されません。毎年この金額を超えないように贈与すれば、税金を払わずに相続財産を減らせます。進学などの教育資金を援助してもらう場合は、教育資金の一括贈与という制度により、30歳未満の子、孫の教育資金として1人あたり1500万円（学校など以外では500万円）を、祖父母や父母が非課税で贈ることができます。また、住宅取得等資金の贈与税の特例により、新しく住宅を購入する、あるいは新築、増改築するために父母や祖父母から受けた資金は、諸条件をクリアすれば一定額までは課税されません。

生前贈与で節税!

相続税を少しでも減らすためのポイントをチェック。
条件によっては課税対象になるケースもあるので、しっかり確認を!

1 年間110万円は非課税

暦年贈与という制度により、1月1日から12月31日の1年間で、贈与額が110万円以下であれば課税されません。毎年この金額を超えないように贈与すれば、税金を払わずに相続財産を減らせます。ただし、以下のポイントによって課税されることもあるので要注意。

POINT!

- 相続開始前3年以内に贈与されたものは、相続財産として課税対象に。
- 110万円以下でも毎年同額の贈与だと、最初からまとまった額を贈る予定であったとみなされて、一括で贈与税をかけられることも。
- 贈与する人、される人がお互いに通帳や印鑑、カードを所有管理しましょう。

2 住宅購入を助けてもらう

住宅取得等資金の贈与税の特例により、新しく住宅を購入する、新築、増改築するために父母や祖父母から受けた資金は、諸条件をクリアすれば一定額までは課税されません。

POINT!

- 床面積が50㎡以上240㎡以下の家屋に対しての非課税枠。
- 住宅の新築、購入のときは築後20年以内の建物などが控除の対象。
- 増築であれば、工事費用100万円以上の場合などに適用されます。
- 贈与を受けた翌年の2月1日から3月15日までに税務署へ書類を提出する必要あり。

3 教育資金を助けてもらう

教育資金の一括贈与という制度により、30歳未満の子、孫の教育資金として1人あたり1500万円(学校など以外では500万円)を、祖父母や父母が非課税で贈ることができます。

POINT!

- 非課税枠は子、孫1人あたり1500万円、習い事などへの支出は500万円。
- 金融機関と教育費管理契約を締結し、子、孫名義の口座へ資金を入れる必要があり、教育費に使ったことを示す領収書を提出しなければなりません。
- 子や孫が30歳になったら、使い切らなかった資金には贈与税がかけられます。

保険って入っておいたほうがいいの？

リスクをフォローする〝転ばぬ先の杖〟と心得て

会社員なら給料から天引きされている健康保険、自営業やフリーターの方なら国民健康保険など、就労形態によっていずれかの健康保険制度に加入しているものですが、そのほかに任意で加入する保険が存在します。これは〝任意〟という言葉のとおり、必ず入らなければいけないわけではありません。

保険とは、言わば〝転ばぬ先の杖〟。例えば、病気で高額な手術費や入院費がかかってしまったときや、事故を起こして補償しなければならなくなったときなど、強制の保険だけではカバーしきれないことがあります。そうなった場合、自分の貯蓄や財産で補わなければなりませんが、それでもフォローできない事態が起こり得ます。そんな万が一のアクシデントに備えて、さまざまな保険が用意されているのです。「保険に入ること」はつまり、自分の貯蓄を守ることにもつながるのです。

保険の種類

保険の種類と目的を表で確認。
自分が必要とする保険はどれ？

人のための保険	万が一、亡くなったとき	定期保険 終身保険	生命保険
	万が一、亡くなったときと貯蓄のため	養老保険	
	老後の生活資金準備のための年金	個人年金保険	
	病気、ケガで入院したとき	医療保険 入院保険 傷害保険	生命保険 ＋ 損害保険 （第3の保険）
	介護が必要な状態になったとき	介護保険	
物のための保険	自動車	自動車保険	損害保険
	家（建物）、家財	火災保険	
他人・他人の物のための保険	他人・他人の物を賠償するとき	賠償責任保険	
ペットのための保険	ペットが病気をしたとき	ペット保険	

掛け捨てと積立、なにが違うの？

月々の掛け金や契約内容で検討しよう

保険にはたくさんの種類があり、一般的に知られているのが、生命保険（死亡したときの保障）、損害保険（自動車保険、火災保険、海外旅行保険など事故トラブル系の補償）、医療保険（病気、ケガ、入院等の医療費保障）など。また、保険のタイプには「掛け捨て」と「積立」があります。「掛け捨て」とは、ある一定期間を定額の掛け金で保障するもので、満期になると契約終了となり、掛け金は戻りません。月々の掛け金は数千円からなど安いものも揃っています。一方、「積立」とは、毎月定額の保険料を支払い、満期（※1）になると満期返戻《へんれい》金（※2）としてお金が戻る、貯蓄性と保険（保障）機能がついた保険となっています。

保険料の目安は人それぞれですが、掛け捨ては20代で月2000～3000円くらいの商品もあります。積立は月1万円くらいは必要と心得て。年代によって必要な保障内容も変わってくるので、結婚や子どもの成長など節目ごとに適宜保険の見直しをするといいでしょう（※1、※2はP55で詳しく解説）。

積立と掛け捨てのメリット・デメリット

**毎月支払う保険料や保障期間のほか、
2つの違いを見比べて自分に合ったほうを選びましょう。**

	積立 毎月定額を支払い、満期になるとお金が戻ってくる。	掛け捨て 一定期間を定額の掛け金で保障してくれる。
メリット	●一定期間を超えると、支払った保険料よりも多く保険金が戻る場合がある ●解約すると解約返戻金が戻ってくる ●保険の保障を受けながら毎月積立ができる	●同じ保障内容の積立タイプよりも保険料が安い ●必要な保険を必要な分だけ掛けられる
デメリット	●同じ保障内容の掛け捨てよりも保険料が高い ●支払った保険料より保険金が下回ることがある ●満期日前に解約すると元本割れすることも	●掛けた保険料が返ってこない(返ってきても少ない) ●貯蓄性がない ●一定期間で保障が切れてしまう ●次回、同じ内容で掛けると保険料が高くなることがある

Lesson 1

プライベートとお金の基本

023

保険を選ぶときのチェックポイント

積立分、運用方式、運用期間、支払い条件を確認！

得する保険にはいくつか条件があります。まず、「積立分」を確認。保険料のなかで運用にまわされる部分になります。この割合が多く、予定利率（P55で詳しく解説）が高いほど、リターンは大きくなります。次に「運用方式」を確認。リスクとリターンのバランスが取れた運用対象を組み入れている、保守的すぎないもののほうが有利です。そして、「運用期間」を確認。運用期間＝契約期間が長いほうが、リスクコントロールしやすいので望ましいです。リターンを大きくするなら、契約期間は長いほうがいいでしょう。最後に「支払い条件」を確認。毎月支払う保険料を、契約時に全額（全期前納）あるいは契約当初の短期間でのまとめ払いにすれば、満期返戻金が多くなります。

この4つのポイントをしっかり押さえて、得する保険選びの目安にしましょう。

銀行預金よりお得な保険の使い方

払った以上の受取金が期待できる！ 生命保険にはお得が満載

いざというときのために加入するのが、任意の保険。一家の大黒柱に万が一のことがあったり、突然の病気やケガのために備えるのが役割です。その保険商品のなかには〝貯める〟ために有効な商品がいくつかあります。それが、払い込んだ保険料より満期（解約）返戻金や、契約で定められた一時金の額が多くなるものなどです。

生命保険には大きく分けると、死亡保障、医療保障、老後や貯蓄の保障があり、なかでも、満期返戻金のある養老保険、貯蓄性が高い終身保険は得しやすい保険といえます。利回り計算をしてみると、銀行預金などよりずっと有利になる場合も少なくありません。また、決まった年齢から毎年年金が受け取れる個人年金保険や介護保険は、支払った保険料以上、満期返戻金としてもらえるものもあります。ただし、マイナス金利の影響で、予定利率が悪くなったり新規の申し込みを停止していたりすることもあるので要確認。

プロの意見を活用して保険をお得に利用する

得するには保険を熟知したプロの専門知識も必要！

保険は多くの会社が熾烈《しれつ》な競争を続けている分野。そのため、条件次第で利用者のメリットが大きくなる商品がたくさん登場しています。保険料の支払い期間中の中途解約返戻金を低くする低解約返戻金とする代わりに、満期時の満期返戻金が支払い累計を大きく上回る商品や、運用に応じて保険金が決まる変額保険で保険料の支払い総額以上の死亡保険金が設定されているものなど、さまざまな〝得する保険〟が見つけられます。

ただし、保険は専門知識が必要な複雑な商品。各社の保険を比較しながらアドバイスしてくれる、ファイナンシャルプランナーなどに相談しながら選ぶのがおすすめです。

覚えておきたい保険の専門用語

言葉の意味を理解することが得する保険を見つける近道

保険を選ぶときに登場する、聞き慣れない専門用語の数々。最低限覚えておきたい、保険にまつわる用語の意味を解説します。

【予定利率】契約者に対して約束する運用利回りのこと。予定利率が高い保険は、条件のいい「お得な保険」といえるでしょう。

【満期】定められた期日が終了するという意味で、それまで積み立てたお金が戻ってくるタイミングのこと。養老保険や学資保険などの満期は契約時点で支払われる額が確定しており、契約時に受け取る保険証券や約款などに金額例が記載されているので、日頃から確認しておけます。

【返戻金】保険金のほかに保険から受け取れるお金のこと。生命保険や積立保険の契約が満期になったときにお金が受け取れる「満期返戻金」や、契約の途中で契約解除したときにお金が戻ってくる「解約返戻金」があります。

旅行積立のお得な使い方

旅行券やマイルももらえる、旅行好き注目の高利回り商品

なぜお金を貯めるのかといえば、結局は使うため。そこで、もし使い方が旅行と決まっているなら、おすすめの貯め方があります。それが旅行積立。

旅行積立は、大手旅行会社や航空会社が提供しています。月3000円程度から積み立てるか、一括払いで旅行資金を預ければ、満期時点で一定のサービス額をプラスした旅行券が受け取れます。積立期間は半年〜5年ほど、受け取った旅行券の有効期間は5年〜無期限のものまで。クレジットカード払いができる会社ならポイントも貯まり、ボーナスマイルがもらえる会社もあります。気になる年利換算は1・6〜3・0％と預金金利と比べるとはるかに高金利。隠れた高利回り商品としても人気を呼んでいます。しかも提携している旅行会社間では、一部ツアーを除いて他社の旅行券を利用することも可能です。旅行好きの人は要チェックのお得な貯め方です。

旅行積立ができる会社はどこ?

旅行積立はおもに航空会社や旅行会社で取り扱っています。
航空会社なら同時にマイルが貯まるところもあるので注目です。

[各社の旅行積立サービス]

会社名／サービス名	積立方法	最低積立額（積立期間）	年利換算	旅行券の有効期限
日本航空／「JAL旅行積立」	毎月払いコース 一時払い6カ月満期コース 一時払いコース	5000円（12～60カ月）毎月払いコースの場合	2.50～3.00%	発行年度末から10年
ANAセールス／「ANA旅行積立プラン」	毎月払いコース 一時払い6カ月満期コース 一時払いコース	3000円（12～60カ月）毎月払いコースの場合	2.25～3.00%	満期の年度から5年
H.I.S.／「貯めチャオ」	毎月払いコース ボーナス併用払いコース 一括払いコース 一括引き落としコース	3000円（6～60カ月）	1.60～2.45%	なし
JTB／「たびたびバンク定期積立プラン」	毎月払いコース 一時払いコース	5000円（12～60カ月）	1.75%	満期日もしくは最終利用日から10年

※内容は2016年6月14日現在

デパート積立のお得な使い方

利回りなんと約15・38%！デパート積立の実力

買い物に使う目的でお金を貯めている人におすすめなのが、デパート商品券積立。実質利回りで旅行積立より上をいくものに、大手デパートの「友の会」積立があります。毎月3000〜5万円を半年〜1年積み立てると、1年コースの場合なら12カ月分に1カ月分をプラスして買い物券やプリペイド式カードがもらえるという仕組みです。年利換算すればこれはなんと年率15・38%！　買い物券はそのデパートでしか使えませんが、いきつけのデパートが決まっている人やそのデパートで買い物をする予定がある人には非常におすすめです。

昔と違ってデパートでなくてもほとんどのものが手に入る時代です。とはいえ、デパ地下のお総菜や化粧品、贈答品などを考えれば、だれでもデパートで買い物をする機会はあると思います。つまり、デパートの商品の大半が割引価格で購入できることと同じです。これにはほとんど割引のないハイブランドの商品も含まれますから、大変お得なサービスといっていいでしょう。

デパート積立は隠れた高利回り商品!?

そのデパートで使えるお買い物券（カード）との交換なので、
よく利用するデパートで加入できるか確認してみましょう。

［各デパートの積立サービス］

デパート名／サービス名	最低積立額／積立回数	満期受取額	ボーナス分	年利回り
高島屋／タカシマヤ友の会「ローズサークル」	月5000円／12回	6万5000円	5000円	15.38%
三越・伊勢丹／エムアイ友の会	6カ月積立 月5000円／6回	3万2000円	2000円	11.43%
	12カ月積立 月5000円／12回	6万5000円	5000円	15.38%
東急百貨店／「友の会」東急ファミリークラブ	半年積立5000円コース 月5000円／6回	3万2500円	2500円	14.29%
	1年積立コース 月3000円／12回	3万9000円	3000円	15.38%
小田急百貨店／小田急レディスクラブ	半年お積み立てコース 月5000円／6回	3万2500円	2500円	14.29%
	1年お積み立てコース 月5000円／12回	6万5000円	5000円	15.38%
京王百貨店／京王友の会	3000円コース 月3000円／12回	3万9000円	3000円	15.38%

※内容は2016年6月14日現在

今こそＱＵＯカードや金券を活用！

ＱＵＯカードのプレミアにも注目

私たちが普段お金を預けている銀行の普通預金金利は、「マイナス金利」を受けてさらに下回り、今では年利０・００１％ほど。マイナス金利についてはＰ１８３で詳しく解説していますが、つまり銀行に1年間10万円を預けてても、税引き前で1円の利息にしかなりません。つまり、預金の金利でお金を増やすことを考えるより、お金を使うときに工夫をしてお得を狙うほうが得策です。

すぐに実践できるのが、支払いをクレジットカードや電子マネーを使ってポイントを貯めて現金代わりに使用する方法。また、金券ショップを利用すれば、映画や美術館の割引鑑賞券や、高速バスや新幹線の格安チケットのほかにも、株主優待券なども手に入ります。現金代わりに使えるＱＵＯカードは、コンビニで売られている５０００円券には70円、１万円券には１８０円のプレミアがついていて、銀行金利よりも何十倍もお得！お得な支払い方法の一つとして覚えておくといいですね。

クレジットカードの選び方

ポイントの「還元率と交換レート」を目安にお得なカードを選ぼう

クレジットカードは、上手に使うことはもちろん、どのカードにするかが重要。その際に考えられるのが利用額に応じてつくポイントです。利用額に対してポイントがどれくらいつくか、1ポイントを現金にしたときの価値はカードによって異なります。ただし、たくさんポイントがつくからといって必ずしもお得とは限りません。

大切なのはポイントの「還元率」。たとえば、1000円で1ポイント貯まり、その価値が5円であれば1000円の利用＝5円の還元、還元率は0・5％です。そして×円で○ポイント貯まるという表記はあってもそのポイントをいくら分として何に利用できるのか、交換レートなどが書かれていないことが多いので、利用中のカードや興味のあるカードは自分で還元率と交換レートをチェックしてみましょう。割合の高いカードが「お得なカード」といえます。

クレジットカードの正しい使い方

だれでも持てるわけじゃない。クレジットカードは信用の証し

クレジットカードの仕組みは、買い物をすると一時的にカード会社が代金を立て替え、後日その請求額を支払うという、「カード会社」と「店」と「自分」のトライアングルで成り立っています。請求額を支払える立場や条件を満たさないとカードは作れません。つまり、クレジットカードは信用の証し。カードには審査があり、原則、借入総額が年収などの1／3までに制限される総量規制を設けています。

現金がなくても買い物できるクレジットカードは、便利ですが使い方を間違えると危険です。利用額の引き落としまでには1〜2カ月のタイムラグがあることを認識し、カードで決済した分の現金は別封筒に入れて引き落とし口座に入金するなど、あくまでも現金と同じ感覚で管理しましょう。予算の範囲内で計画的に使えば、ポイントやマイルが貯まったり優待特典がつくメリットもあったり、海外の宿泊先では保証金（デポジット）にもなります。

クレジットカード選びのチェックポイント

カードについている特典や年会費の有無など、
見落としがちなポイントを確認しましょう。

クレジットカードを選ぶポイント

- ポイントの還元率が高い
- 年会費がかかる場合は、損をしない利用額を把握する（下記の計算式で調べる）
- 貯まったポイントの交換方法などポイントの使いやすさを調べる
- よく利用する施設のカード特典をチェックする
- 海外旅行傷害保険など、付帯するサービスをチェックする

利用付帯：旅行代金などをそのクレジットカードで支払った場合に保険サービスが適用される。
自動付帯：所有しているだけで保険やサービスが適用される。

check

年会費を払ってもお得なカードかをチェック

年会費2000円・還元率1.5％の場合

年会費2000円÷1.5％（0.015）＝133,333.33……

→年間13万3334円をカードで支払えば年会費のモトがとれる。公共料金をカード引き落としにすれば、達成可能。

Lesson 1

プライベートとお金の基本

032

クレジットカードの決済方法

2回払いまでは手数料ゼロ。決済方法もしっかり把握して

カードの決済方法には一括払い、分割払い、リボ払いなどがあります。基本的に家計管理のしやすい一括払いがおすすめですが、大きな金額を一気に支払うのは厳しいこともあるでしょう。そんなときは、2回払いがおすすめ。なぜなら、ほとんどのカード会社は2回払いまでなら金利・手数料がかかりません。商品の値段により上手に利用しましょう。

リボ払いは月々の返済額は少なくて済みますが、実質年利は9・6〜18・0%と、キャッシングに匹敵する高金利。月々の返済額が少ないとその分返済期間が延び、いつまでたっても支払いが終わらない状況に陥ることもあります。金利負担が大きいため、完済後の利息を計算すると予想以上の高額になることも。リボ払いは借金と同じと考えて、ポイントや付帯保障があるからといって安易にリボ払いにするのはやめましょう。もし利用した場合は、返済額の増額や繰り上げ返済で、なるべく早めに完済しましょう。

リボ払いor分割払い、どっちを選ぶ?

**20万円のバッグを購入した場合の、
支払い手数料と金利を比較!**

[20万円のバッグを3回払いで購入]

利息の出し方 (3回払いで金利12.30%の場合)
※金利はカード会社によって異なる

20万円(バッグ代)×0.1230(年額金利)÷365×30=2021円(1回目の利息)

6万6666円(1回あたりの元本支払額)+2021円(1回目の利息)=6万8687円
2回目、3回目は、購入金額の支払い残金によって変動。
3回支払い終えると……

支払い合計20万4041円⇒利息4041円

比較的回数の少ない3回払いでも約4000円も利息がついてしまいます。支払い回数を増やすとさらに利息は増えます。利息のかからない2回払いを選んだり、商品購入時に現金で一部支払うなど、カード利用額を少しでも減らす工夫を!

[20万円のバッグをリボ払いで購入]

利息の出し方 (毎月の支払額が1万円の場合)

20万円(バッグ代)×0.15(年額金利)÷12=2500円(初回の利息)

金利15%で毎月の支払額を1万円に設定した場合、2500円が利息になるため、残りの7500円が元金の返済額に! 完済までには2年かかるので……

支払い合計23万1576円⇒利息3万1576円

完済する頃には利息だけで3万円以上も支払うことに! これ以外にもリボ払いでカード利用を重ねていくと、ますます支払期間が長引く恐れも。余裕がある月は設定額以上を繰り上げて支払い、ダラダラ返済を早めに抜け出して!

クレジットカードの疑問と不安

カード事故歴も審査対象に。トラブル防止策も忘れずに

お金をたくさん持っていても、クレジットカードを持てない人もいます。なぜなら、クレジットカードの審査では、今の年収や勤務形態だけでなく、過去のカード履歴もチェックされるから。もし、過去5年以内に支払いの遅延などの事故記録があった場合、原則として新たなカードは作れません。うっかり口座にお金を入れ忘れて残高不足で支払いが遅れた、という場合もカード会社に記録が残るので気をつけましょう。数回続くと、カードの更新ができなくなったり、使用停止になったりします。

また、不正使用やスキミングなどのトラブルにも注意。海外旅行で被害に遭うケースが多いですが、もし身に覚えのない請求がきたら、早めに使っていないことを証明すれば、補償対象になります。海外でクレジットカードを利用したら、その場でレシートを確認し、明細書が届くまでレシートを保管しておきましょう。また、ＩＣチップつきのカードに変更しておくと、スキミングされにくいのでおすすめです。

みんなのクレジットカード Q&A

**知っているようできちんと知らない、
クレジットカードの疑問や不安についてお答えします!**

Q1 残高不足で引き落としができなかったら?

A 何度も遅れると利用停止になることも!

引き落としができない状況が複数回続くと、次回のカード更新ができない可能性もあるので注意。引き落としが遅れたら、後日自宅に届く振込用紙ですぐに支払いを。

Q2 カード審査ではどんなことをチェックされるの?

A 年収と勤務形態、過去のカード履歴を重視

年収、勤務先、勤続年数、過去にカード利用の延滞など事故歴の有無を信用情報会社に調査依頼して、支払い能力を査定します。

Q3 限度額はいくらに設定すればいい?

A カード会社が信用度により設定します

限度額はカード会社が設定します。一般カードの限度額は20万～50万円程度で、利用者の信用度や利用実績に応じて引き上げられることもあります。

Q4 ブラックリストって本当にあるの?

A リストはありませんが、情報は残ります

実際には存在しませんが、支払いが3カ月遅れた時点で信用情報会社に事故情報が登録され、以降5年間残ります。その間は原則、新たなカードの審査は通りません。

自動付帯と利用付帯の違いとは?

カードを持っているだけで各種保険やサービスがついてくる

クレジットカードには決済機能だけではない付加サービスがついています。付帯するサービスには「自動付帯」と「利用付帯」があり、自動付帯とは、カードを持っているだけで自動的にカードについている保険やサービスが受けられるもので、手続きや登録なども要りません。その代表例が、盗難・紛失保険と海外旅行傷害保険です。海外旅行中の死亡・後遺症補償やケガ、病気になった場合などは保険適用になります。

一方の「利用付帯」とは、クレジットカードを利用することで保険やサービスが適用されるもの。たとえば、海外旅行時の移動手段に使う公共交通機関の料金や、旅行のツアー代金などを、クレジットカードで決済して初めて適用になります。

付帯保険やサービスにはほかにも、国内旅行傷害保険、ショッピング保険、オンライン不正利用保険、空港ラウンジ利用などいろいろとあります。自分のクレジットカードの付加サービスが自動付帯・利用付帯なのか、今一度確認してみましょう。

034

クレジットカードの付帯サービスの違いをチェック!

クレジットカードについている保険やサービスは2種類あり。違いを知って、賢く使い分けよう。

自動付帯とは?

クレジットカードを持っているだけで適用される保険やサービスのこと。利用しなくても所有しているだけでOKですが、空港ラウンジなどの利用には提示が必要なことも。

利用付帯とは?

クレジットカードを利用することで適用される保険のこと。たとえば、海外旅行傷害保険が利用付帯なら、海外旅行の交通機関やツアー代金をクレジット払いすればOK。

クレジットカードのお得な使い方

ゴールドカードや家族カードのサービスもチェック！

せっかくクレジットカードを利用するなら、効率よくポイントを貯めたいもの。クレジットカードの種類によっては、誕生月や指定の施設を利用することでポイントが倍増するものもあります。よく利用するサービスがある人や、年間の利用金額が多い人はゴールドカードに替えるのもよし。ゴールドになるとポイントが増えたり、海外旅行傷害保険の補償金額がアップしたり、空港のラウンジが利用できたりと、付加サービスもグレードアップします。

また、夫婦でカードを所有するなら、家族カードを作るのもおすすめ。家族カードとは、夫や妻など家族の誰かのカードを親カードにして作ることができる、家族が利用するためのカードです。夫婦でそれぞれゴールドカードを持つよりも年会費が安く、ポイントやマイルも合算されるため、貯まりやすいメリットがあります。

クレジットカードの付帯サービスをチェック！

カードのステータスが高いと、カードそのものについている保険の補償額がアップしたり空港ラウンジが使用できるなど優遇されます。

海外旅行傷害保険

海外旅行先での病気やケガを補償してくれる保険。カードのステータスが高いと一般のカードより補償額が高額に設定されています。

空港ラウンジが無料で利用できる

ANAやJALのゴールドカードやプラチナカード会員になると国内外の空港ラウンジを無料で利用できます。ほかにもゴールドカード以上になると同様のサービスを付帯しているクレジットカードも多く、カードによっては同伴者も利用できます。

ショッピングプロテクション（ショッピング保険）

カード決済で購入した商品が破損したり、盗難や火災などの偶然の事故によって被害を受けたときに補償される保険です。ゴールドカードの場合は一般のカードよりも補償額が高く設定されていることが多いです。

クレジットカードをよりお得に使いこなす

ライフスタイルに合った「使いやすさ」も重視して

クレジットカードのポイントの還元率がどんなによくても、交換に手間がかかるなど使い勝手の悪いカードを選んでしまうと意味がありません。そのカードが自分の使い方に合うものかどうかも、選ぶ際に確認しましょう。よく利用するショッピング施設やお買い物サイトがある場合には、提携カードを作るほうが利用回数が多いため効率よくポイントが貯められてお得になることも。また、飛行機によく乗る人はマイルが貯まるカードを選ぶなど、それぞれのライフスタイルに合ったカードを選ぶことも重要です。そのほか、クレジットカードの付帯サービス、特典、年会費の有無などもチェックを。年会費は無料のほうが一見お得に思えますが、年会費のあるカードのほうが還元率が高いケースも多く、年間のカード利用額を換算すると、結果的に年会費のあるカードのほうが得することもあります。クレジットカードは、ライフスタイルを考えながら総合的にお得になるカードを選ぶといいでしょう。

お得感で選ぶならこの3つのクレジットカード

電子マネーにチャージしてポイントが貯まるなど、クレカマニアの間でそのお得感が話題のカードの機能とサービスを比較紹介!

	リクルートカード	NTTグループカード（レギュラー）	楽天カード
国際ブランド	VISA・JCB	VISA・MasterCard	VISA・JCB・MasterCard
年会費	無料	無料（Web明細の場合）	無料
還元率	1.20%	0.6%〜0.666%	1.0%
電子マネーにチャージをしてポイントが貯まる	楽天Edy（VISAのみ）、nanaco、モバイルSuica	楽天Edy、nanaco、モバイルSuica	楽天Edy、nanaco（JCBのみ）
主要ポイント交換	Ponta	各指定のコースにて交換	楽天ポイント
ポイントモール	ポンパレモール	倍増TOWN	もらえるモール
ポイント	リクルートポイント	ポイントプレゼントコース	楽天スーパーポイント・Rポイント
保険	海外／2000万円	動産総合保険など	海外／2000万円 国内／なし
特典	Pontaと総合して相互にポイント交換が可能	NTTdocomo、NTT東日本、OCNなどNTTグループの支払いに利用すると、通信料金に応じて毎月キャッシュバックされるおまとめキャッシュバックコースがある	楽天市場のキャンペーン利用でポイントが貯まりやすい。実店舗でRポイントを貯めることもできる

037

クレジットカード払いで賢くポイントを貯める

公共料金、通信費など、毎月の出費こそクレジット払い！

クレジットカードは使うほどに、ポイントが付加されお得になりますが、ポイントを貯めたいがばかりにムダ遣いをするのは本末転倒。おすすめのクレジットカード使用は、公共料金など毎月の必要経費の支払いをクレジットカード引き落としにすることです。ポイントも貯まり払い忘れも防げて一石二鳥。

コンビニで電気やガス、税金などの公共料金をクレジットカードで支払うことはできませんが、とっておきの裏技があります。セブン-イレブンの電子マネー、ｎａｎａｃｏにクレジットカードでチャージして、ｎａｎａｃｏで公共料金や税金を支払えば、現金払いではつかないチャージ分のポイントをゲットできます。※ 最近では、家賃もクレジット払いできる場合があるので、月に数万円分のポイントを貯めることも可能に。毎月固定の大きな出費こそ、クレジットカードを賢く利用してポイントを貯めましょう。

※チャージをしてポイントが付与されないクレジットカードがあるので事前に確認を。

クレジットカードで払える公共料金

**毎月の必要経費は、ポイントが貯まって
払い忘れも防げるクレジット払いにチェンジ!**

★のついたものはポイントが付与されないクレジットカードもあります。また、Yahoo!公共料金支払いを利用して支払う場合は所定の手数料がかかります。

- **NHKの受信料**
- **電気料金**
- **水道料金**
  ※自治体によっては払えないこともあります
- **ガス料金**
- **保険料**
- **携帯料金・通信費**
- **国民年金★**
- **国民健康保険★**
- **自動車税★**
  ※自治体によっては払えないこともあります

デビットカードってなに？

銀行口座の残高分だけ利用できて使いすぎる心配なし！

クレジットカードとよく似た支払い方法に「デビットカード」というものがあります。クレジットカードと同様、カードを出して支払います。では、デビットカードとクレジットカードにはどんな違いがあるのでしょうか。

クレジットカードはカード会社から与えられた上限額まで利用でき、一括払いと分割払いなど支払い方法が選べます。使ったお金は指定の返済期日になると、指定の口座から引き落とされます。一方、デビットカードで使えるお金の上限は、カードを発行した銀行口座に入っている残高分だけ。支払い方法は一括払いのみで、使ったらすぐにお金が引き落とされます。クレジットカードはどれくらいお金を使ったかが把握しにくく、使いすぎてしまう心配がありますが、デビットカードなら口座残高で利用額をチェックすることができるので、家計の管理がしやすくなるメリットもあります。

デビットカードの特徴と種類

デビットカードの特徴と
発行銀行を紹介!

クレジットカードとの違いは？

クレジットカードとデビットカードは同じようにみえてまったく違うカードです。

デビットカード		クレジットカード
一括	支払いの回数	一括または分割
即日	引き落とし日	カード会社の指定日
預金口座の残高分だけ	利用できる金額	与信枠の分だけ
ほぼなし	カード作成時の審査	あり
残高分しか利用できないので、家計管理がしやすい	そのほかの特徴	いくら使ったか把握しにくく、使いすぎてしまう心配もある

主なデビットカードと発行銀行

●J-Debit

ゆうちょ銀行
みずほ銀行
三井住友銀行
など

●Visaデビットカード

三菱東京UFJ銀行
りそな銀行
ソニー銀行
など

●JCBデビット

楽天銀行
東邦銀行
千葉銀行
など

デビットカードはどんな人に向いている？

クレジット払いの使いすぎ防止や予算管理に◎！

デビットカードの種類はおもに、J－Debit、Visaデビットカード、JCBデビットなどがあります。それぞれ機能は「口座残高＝利用限度額」であることは同じ。なので、現金主義の人、クレジットカードの使いすぎが心配な人などに向いています。

J－Debitは、普段利用している銀行にデビット機能がついていれば、銀行のキャッシュカードをそのままデビットカードとして利用できます。Visaデビットカード、JCBデビットは、多くの銀行でカードを発行してもらえます。新しく作るなら、Visaデビットカードがおすすめ。ほぼすべてのVISAの加盟店で使用することができ、オンラインショッピングの決済や海外でも利用できます。発行する銀行によっては限度額も設定できるので、予算管理も可能です。また、楽天銀行やりそな銀行は、利用するたびにそれぞれ楽天スーパーポイントや、りそなポイント（Tポイント、nanacoポイントなどに交換可能）が加算されるので、現金より断然お得なのです。

デビットカードのメリット・デメリット

クレジットカードと似て非なるデビットカード。
利用の前にメリットとデメリットを把握しておきましょう。

【メリット】

●支払いをしたらすぐに口座から引き落としされるので、使いすぎの心配がない!

●現金が手元になくても利用できるからATM手数料を節約できる

●クレジットカードのように使えるが、審査がほとんどないので作りやすい

【デメリット】

●分割払いやリボ払いができない

●一部の店舗や保険料の支払いなど利用できないこともある

●即時決済のため、商品キャンセルの返金に時間がかかる場合がある

電子マネーのお得な使い方

クレジットカードで入金すればポイント2重取りも！

あらかじめチャージ（入金）したカードで支払いができる電子マネー。現金を使わずに、カードを端末にタッチするだけで決済ができるので、細かいお金を出さずにスマートに支払いができて便利です。たいていは、コンビニのレジで現金でチャージしたり、携帯アプリやパソコンなどでクレジットカードからチャージして使います。

最近は使える場所も広がり、利用者も増えていますが、人気の理由は便利さだけでなく、使うほどお得になる点。電子マネーで決済すると、100～200円で1ポイント貯まり、1ポイント＝1円に交換できます。つまり、たくさん使えばその分ポイントになり、それをまた買い物などに使えばその分お金が浮くことに。さらにお得にポイントを貯めるなら、チャージは現金ではなくクレジットカードでしましょう。チャージしたときと電子マネー支払い時にそれぞれポイントがつき、ポイントを2重取りできます。※

※チャージの際にポイントが貯まるクレジットカードとそうではないクレジットカードがあるので、事前に確認を！P73の表にポイントになるクレジットカードの一例が記載されています。

電子マネーのポイントをマイルに交換！

マイルやほかのポイントにも交換が可能

電子マネーは大きく分けて「Ｓｕｉｃａ」「ＰＡＳＭＯ」をはじめとする交通系のものと、「楽天Ｅｄｙ」「ｎａｎａｃｏ」などの商業系のものの2種類があります。コンビニ、デパート、レストラン、自動販売機などさまざまな場所で利用できますが、電子マネーによって使える場所が違うので、自分がよく利用するお店で使えるものを選びましょう。また、貯まったポイントを他社のポイントやマイルに交換できる電子マネーもあるので、利用しやすいものがおすすめです。

電子マネーはコンビニやインターネットからの申し込みで簡単に入手できるほか、マイレージカードやクレジットカードについている場合もあります。詳しい選び方や使い方については、次のページの表を参考にしてください。

セブン-イレブンなどで 使える電子マネー	交通機関、お買い物で使える JR東日本のICカード
nanaco	Suica
セブン-イレブンの店頭で セブン-イレブンで購入、もしくはHPで申し込んで登録完了画面を印刷して店頭へ。発行手続き手数料は300円（おサイフケータイのnanacoモバイルは無料）。	**よく使うJRの駅で作れる！** エリア内のJR東日本の駅にある多機能券売機やみどりの窓口で、1000〜1万円（預かり金500円含む）で購入し、HPで登録する。PASMOなどとの相互利用も可能。
セブン-イレブン、イトーヨーカドー、ヨークマート、ヨークベニマル、ザ・ガーデンほか	セブン-イレブン、ローソン、ファミリーマート、サークルK、サンクス、ミニストップ、イオン、サミット、NEWDAYSほか
そごう、西武百貨店、ロフトほか	髙島屋（食料品売り場など）、イオンモール、ららぽーと、丸ビル、アリオ、ルミネ、アトレほか
デニーズ、ファミール、ミスタードーナツ、カクヤスほか	ガスト、バーミヤン、大戸屋、藍屋、松屋、てんや、BECK'S COFFEE SHOPほか
100円で1ポイント	**200円で1ポイント** （エキュート・自動販売機などは100円で1ポイント）
500円	**250円**
マイルにも交換できる！ セブン-イレブンの店頭、セブン銀行でチャージ。1ポイントから1円に交換できるほか、500ポイント以上貯まればANAのマイルやANA SKYコインにも交換できる。	**駅やコンビニでチャージ** 自動（多機能）券売機、ビューアルッテ、コンビニでチャージ。100ポイントから100円分に。TポイントやWAONポイントなどにも交換可能（手数料あり）。

人気の電子マネーを上手に使うために知っておきたいコト

よく利用するお店を思い浮かべてぴったりなものを探してみて!

特徴	楽天スーパーポイントやANAマイルが貯まる	イオン系のスーパーで利用できる
カードの名称	楽天Edy	WAON
どうやって作るの?	Edyつきカード入会やアプリで Edy機能がついた加盟店舗のポイントカードやクレジットカードを作る。または、Edyアプリをダウンロードするとおサイフケータイとして使用可能に。	ミニストップで買える イオン、マックスバリュ、ミニストップなどで1枚300円で購入可能（ファミリーマートはチャージのみ)。申し込みは郵送やインターネット、アプリからもできる。
コンビニ、スーパー	セブン-イレブン、ローソン、ファミリーマート、サークルK、サンクス、ミニストップ、やまやほか	ファミリーマート、ミニストップ、ココストア、イオン、ポプラ、マックスバリュ、まいばすけっとほか
デパート、ショッピングセンター	髙島屋新宿店、ららぽーと(一部店舗)、アクアシティお台場、ラゾーナ川崎プラザ、名鉄百貨店本店ほか	イオンモール、イオンタウンほか
レストラン、カフェ	マクドナルド、PRONT、銀座ルノアール、ガスト、バーミヤン、ジョナサン、夢庵、はなの舞、ラ・パウザほか	マクドナルド、吉野家、安楽亭、七輪焼肉安安、オリジン弁当ほか
ポイントの付与率	200円で1ポイント	200円で1ポイント
5万円使うと	250円	250円
チャージできる場所&なにができるの?	マイルや楽天だけじゃない! 使えるお店のレジや店舗内のEdyチャージ端末、楽天会員やauユーザーはアプリでチャージも! 1ポイントから1円分にでき、Tポイントなどにも交換できる。	かざすと「ワオン!」と鳴く! イオン店舗にあるWAON端末やミニストップのレジ、イオン銀行ATMなどでチャージできる。100ポイントから100WAON（100円分）に交換可能。

※一部、利用できない店舗もあります　※ 一部、ポイントがつかない店舗もあります

さらに得する電子マネーの裏ワザ

ネットショッピングにも利用できてポイントも貯まる

電子マネーと聞くと、コンビニや飲食店などでの利用を思い浮かべますが、実は楽天やＡｍａｚｏｎで買い物する際にも、楽天ＥｄｙやＳｕｉｃａなどの電子マネーが使えます。利用するには、ＦｅｌｉＣａポート搭載のパソコンもしくは別売りのＩＣカードリーダー／ライターが必要です。例えば、楽天ＥｄｙでＡｍａｚｏｎの購入代金を支払うことも可能で、さらにポイントまでつきます。また、電子マネーをチャージするときは現金ではなく、クレジットカードを利用すれば、その分のポイントがついてお得に。ただし、チャージではポイントがつかないクレジットカードもあるので注意が必要です。

携帯電話やスマートフォンについているおサイフケータイを利用すれば、いろんな電子マネーのカードを持たなくても、おサイフケータイひとつで複数の電子マネーを使い分けられるので便利です。もちろん、ポイントも貯まります。

覚えておこう!
電子マネーのお得な使い方

さらに得になる電子マネーの裏ワザをご紹介!!

お得1

楽天・Amazonは電子マネー決済でお得!

楽天やAmazonで買い物する際に、楽天EdyやSuicaなどの電子マネーが使えます。利用には、FeliCaポート搭載のパソコンもしくは別売りのICカードリーダー/ライターが必要です。

お得2

2重取りでお得!

現金よりもクレジットカードでチャージしたほうが、クレジットカードにポイントがつく分お得に。ただし、チャージではポイントがつかないクレジットカードもあるので注意!

お得3

おサイフケータイで便利!

おサイフケータイを利用すれば、いろんな電子マネーのカードを持たなくても、ケータイひとつで買い物を済ませられるので便利! もちろん、ポイントも貯まります。

Lesson 1

プライベートとお金の基本

043

ポイントは集約して賢く使う

バラバラのポイントは集約交換サイトでひとまとめ！

ポイントはお得に生活するための強い味方。しかも、クレジットカードや電子マネーに限らず、飲食店やコンビニ、さらにはインターネットのサービスなど、さまざまな場面で貯めることができます。

しかし、ポイントの種類が多いと、いろんなポイントが少しずつしか貯まらないという状況になりがち。どれも中途半端で使えるだけの額に達してなかったり、それを管理するのも大変だったりします。有効期限があるものだと、いつの間にか期限切れしていたということもあるでしょう。そこでおすすめしたいのが「Gポイント」や「ＰｅＸ」といったポイント集約交換サイト。バラバラのポイントを一カ所にまとめて効率よくポイントを使うことができます。また、「ポイ探」のように特定のポイントをどんなポイントに変換できるかを調べられるサイトも知っておくと便利。これらのサービスを活用して、貯めたポイントをムダなく使い切りましょう。

三大共通ポイントカードに注目!

使い勝手よし! Tカード、Pontaカード、楽天ポイントカード

効率よくポイントを貯めるためには、よく利用するお店のポイントカードや、そのお店のポイントが貯まる共通ポイントカードを選ぶことが基本です。とくに、日常的に利用するコンビニやスーパーなどは、還元率の高いお店を選んで集中的にポイントを貯めるようにしましょう。

共通ポイントカードのなかでも、ここ数年で3大勢力となったのが、「Tカード」と「Pontaカード」と「楽天ポイントカード」です。どれも加盟店の数が圧倒的に多いことと、還元率のよさが支持されている理由といえます。ファッションやトラベル関連のお店、コインパーキングなど意外な場所まで利用範囲が広がっているので、次ページの表で確認して上手にポイントを貯めましょう。なお、カードによっては、貯まったポイントの有効期限が設定されているものもあるので注意を。手持ちのポイントカードが多い人は、一度整理をしましょう。

ポイントが貯まる場所がどんどん増えている3つの共通ポイントカード。
どれも年会費や発行手続料は無料です。

Pontaカード	楽天ポイントカード
100円または200円につき1ポイント	100円または200円につき1ポイント
1ポイント＝1円	1ポイント＝1円
約14万店舗	約58万店舗
ローソン、ローソンストア100ほか	サークルK、サンクス、スリーエイトほか
ライフ	
GEO、GEO宅配DVDレンタル、GEO動画、ロッピー、HMVほか	楽天ブックス、玉光堂、バンダレコード、田村書店
ケンタッキーフライドチキン、大戸屋、LEOCほか	ミスタードーナツ、PRONTO、シナボン、アンティ・アンズほか
ピザハット（オンライン注文のみ）	楽天デリバリー
JUMBLE STORE、2nd STREET、AOKIほか	コナカ、SUIT SELECT、メガネストアーほか
昭和シェル石油、オリックスレンタカー、日産レンタカー、コインパーク、ONIXほか	出光サービスステーション、伊藤忠エネクス、エネクスフリートほか
H.I.S.（オンライン予約限定、海外の提携店舗、スマ宿）、WILLER EXPRESSほか	楽天トラベル
ルートインホテルズ	
Pontaポイントモール http://tamaru.ponta.jp/	楽天スーパーポイントギャラリーモール http://point-g.rakuten.co.jp/mall/
Pontaweb	楽天市場

どこで貯まる？
何に使える？

3大共通ポイントカード

Tカード vs Pontaカード vs 楽天ポイントカード徹底比較

	Tカード
ポイントの付与率	100円または200円につき1ポイント
ポイントの価値	1ポイント＝1円
提携店舗数	約46万店舗
コンビニエンスストア	ファミリーマート、スリーエフ
スーパーマーケット	マルエツ、マミーマート、東急ストアほか
本・CD・DVD・レンタル	TSUTAYA、TSUTAYA online、Yahoo!ブックストア、マイナビBOOKSほか
飲食	ロッテリア、エクセルシオールカフェ、ドトール、ガスト、ジョナサン、牛角、バーミヤン、夢庵ほか
デリバリー	出前館、上海エクスプレス、ニューヨークニューヨーク、ガストの宅配ほか
ファッション	ニッセン、NEXT BLUE、THE SUIT COMPANY、洋服の青山、キャラジャほか
車関連	ENEOS、ニッポンレンタカー、三井のリパーク、オートバックスほか
トラベル	Yahoo!トラベル、yoyaQ.com、Tトラベルほか
ホテル	東急ホテルズ、コンフォートホテルほか
ポイントモール	Tモール http://tmall.tsite.jp/
オンラインショッピングモール	Yahoo!ショッピング

ポイント4重取りもできる超裏ワザ

2重、3重は当たり前。超裏ワザで4重取り！

クレジットカードと電子マネーの重ね使いで、ポイントを2重取りする方法はすでに説明しましたが、それをさらに超えるポイント4重取りの方法を伝授します。

利用するのは楽天Ｅｄｙカード。まず、クレジットカードで電子マネーのチャージをします。このとき、ポイントが貯まるクレジットカードを選ぶのを忘れずに。リクルートカード（ＶＩＳＡ）、ＮＴＴグループカード（レギュラー）、楽天カードならどれでもＯＫ。次に、「もらえるモール」というポイントサイト（Ｐ92で詳しく解説）内にある「楽天市場」の広告リンクバナーを経由して買い物すると、「もらえるモール」内のポイントがもらえます。さらに、支払い方法を「楽天Ｅｄｙ」に指定し、ＦｅｌｉＣａポートなどで決済すると、楽天ポイント、楽天Ｅｄｙのポイントが加算されます。ネットショッピングをするときは、少しでも多く賢くポイントをゲットしましょう！

ポイント4重取りの3ステップ

**1回の買い物でポイントを4重取りできる、
超裏ワザの手順をおさらい!**

Step1
クレジットカードで楽天Edyにチャージ

Step2
もらえるモールを経由して「楽天市場」へ

Step3
「楽天市場」の支払いを楽天Edyにする

4重取りの内訳

① クレジットカードのポイント → ② ポイントサイトのポイント → ③ 楽天市場のポイント → ④ 楽天Edyのポイント

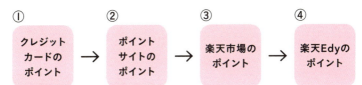

ポイントサイトを活用してさらにお得に!

等価交換で汎用性の高い交換先を選ぶのが鍵

ポイントをより多くもらうために欠かせないのが、ポイントサイトの利用です。サイトを経由して買い物をするだけでポイントがもらえます。

ポイントサイトは、サイトごとに経由できるお店が異なり、ポイント付与率もそれぞれ異なります。注意をしたいのが各ポイントサイトの1ポイントあたりの価値です。1ポイント=1円のサイトもあれば、0・1円のサイトもあるので、まずは、サイトごとに設定されているレートを確認してポイントサイトを使い分けると、よりお得にポイントを貯められます。また、ポイントを現金などに交換する際の手数料やレートもしっかり確認を。等価交換で汎用性のある交換先を選ぶと、ポイントが無駄になりません。

ポイントを貯めやすいおすすめポイントサイト

ポイントが貯めやすい条件が揃った、ポイントサイトをご紹介。

もらえるモール

https://moraerumall.com/

楽天市場や楽天Booksなどをよく利用する場合は、このモールを経由してショッピングするのがおすすめ。ポイント付与率がほかのサイトと比べて高いのも魅力!

T - MALL

http://tsite.jp/pc/r/al/tmall.pl

ネットショッピングやオークションでTポイントがザクザク貯まるショッピングモール。Tモールを経由して有名・人気ネットショップでのお買い物や資料請求、会員登録などでTポイントが貯まる。

G - point

http://www.gpoint.co.jp/

楽天市場・Yahoo!ショッピングなどのお買い物でショップポイントとGポイントが両方貯まる。貯まったポイントは電子マネー・ギフト券・マイルなど約120社と交換可能なので、利用できるサービスが幅広いのも特徴。

Gendama(げん玉)

http://www.gendama.jp/

会員数400万人の老舗ポイントモール。モール経由の買い物をするほか、無料のゲームを楽しむだけでポイントがもらえるなど、楽しみながらポイントを増やせるお得なサービスが充実。

お得にお金を使うアプリ活用術

スマホアプリを最大限に活用したスマートマネーライフ

最近は、スマホを上手に活用してお得にお金を消費することに注目が集まっています。そんなお得な生活を送るのに便利なアプリを紹介します。

まず、アスクルが運営するショッピングサイト「ロハコ」のアプリ。これはYahoo！JAPAN IDを取得していれば、決済などの情報登録が簡単にできます。日用品などの買い物ができ、対象エリアなら朝の10時までに注文すれば、最短で注文当日に商品が配達されるサービスも人気です。さらに、このアプリから購入すれば「Tポイント」が3倍に！

今や買い物ならAmazon、Yahoo！ショッピング、楽天市場の3大オンラインモールを利用すれば欲しいものはほとんど手に入る時代。通勤時間やお昼休みなどスマホから手軽に注文ができるので、これらを上手に利用すれば便利でお得な生活になるでしょう。

お得で便利なスマホアプリ4選

**スマホから簡単に注文できてポイントももらえる、
暮らしに役立つお得なアプリを紹介します。**

レシポ!

スーパー・コンビニの商品がお得に買えるサービス。購入したレシート画像をアップロードしてアンケートに答えるだけで、ポイントをGET。ポイントはQuoカードやAmazonギフト券、PeXに交換が可能です。

ロハコ

食品や日用品、コスメなど、暮らしに必要な商品をまとめて購入できるショッピングアプリ。成城石井などの品物も購入でき、1900円以上の買い物で全国送料無料になります。5のつく日はポイント5倍！

Tポイント×Shufoo!

チラシポータルサイトのShufoo!が「Tポイント」と連携。スマートフォンに届いた「Tポイント」対象のチラシ1枚をみるごとに「Tポイント」が1ポイント獲得できます。

メルカリ

2000万ダウンロード突破の日本最大のフリマアプリ。スマホから簡単に出品でき、商品が届いてから出品者に代金が振り込まれるなどお金のやりとりもメルカリが仲介するので安心です。

プライベートとお金の基本
心得

一、ライフイベントにかかる
お金を把握すべし！

二、保険の種類と内容を
理解する

三、クレジットカードなどを
賢く使って得をする

Lesson 2

仕事とお金の基本

私たちが日々の暮らしを送れているのは、
働いて得た収入のおかげ。
給与明細の読み解き方から社会保険、年金まで、
社会人なら知っておきたい仕事にまつわる
お金のことを解説します。

給与明細の仕組み

給与は勤怠・支給・控除で構成されている

会社員ならほとんどの場合、毎月自動的に給与が銀行口座に振り込まれるため、給与明細をもらっても支給金額だけ確認して終わりという人も多いのでは？

給与明細には支給金額だけではなく、毎月の税金や、なににいくら差し引かれているのかなども記されています。給与明細をきちんと読みとることで、毎月の収入を確認することができます。働いたお金がどのように計算されて支払われているのか、きちんと把握しておきましょう。

会社員がもらう給与明細は共通して、勤怠・支給・控除の3部で構成されています。〝勤怠〟は出勤・欠勤日数など勤務状況について。〝支給〟は基本給をベースに、会社から支給される各種手当などの合計額が「総支給額合計」に記載されます。〝控除〟は厚生年金や健康保険などの社会保険料や、財形貯蓄、そのほか各会社で設定している積立金、組合費、持ち株会などの差し引かれる金額が記載されます。

手取りが少ない！控除について詳しく知りたい

税金や保険料の支払いを会社が代行している

給与明細をもらって、多くの人がまず「支給額」を確認すると思います。そのとき、思っていたより少ないと思うことがあるのではないでしょうか。私たちが働いて手にする給料は、「額面」ではなく「支給額」の金額。手取りの給料は、「支給」から「控除」を差し引いて算出されています。つまり、その控除の金額が多いほど、手取り収入は減ります。

どんなものが「控除」されているかというと、年金や社会保険料、住民税などの「法定控除」と、会社ごとに設定された財形貯蓄や組合費などの「その他控除」があります。本来は自分でしなくてはいけない税金や保険料の支払いを、会社が代行してくれているのです。ちなみに、住民税は入社2年目から発生するので、2年目になって給料が減ったと感じたらそれが理由かもしれません。

給料からなにがいくら控除されているのか、Ｐ１０４の給与明細を参考に自分の給与明細を確認してみましょう。

確認後の給与明細は捨てずに保管しておく

過去の給与明細は未納トラブルの証明にもなる

給与明細をもらったら、支給額を確認してすぐに破棄してしまってはいませんか？　毎月いくら稼げているかだけではなく、税金や保険料などをいくら払っているのか、どんな手当がついているのかなど、自分の収入の内訳をしっかり把握しておくことはとても大切なことです。それは、自分の将来設計を立てるときにも役に立つものだからです。そのためにも、給与明細は捨てずに、たまに読み返すなどして確認するといいでしょう。

また、企業側の雇用保険や年金などの未納トラブルになった際の証明にもなるので、給与明細は破棄せず保管しておくと安心です。

給与明細の内容をしっかり読み解けるようになれば、そこからマネー管理や収入アップのヒントも得られるでしょう。

無職で収入ゼロでも住民税は発生する

住民税は前年の所得で計算される

給料から天引きされている健康保険や厚生年金、住民税は、会社を辞めたら自分で納めなければなりません。なかでも、住民税は前年度の所得に対して課税されるので、人によっては高額になることも。当然、無職で収入がなくても納税しなくてはいけません。会社を辞める前に、年内の残りの住民税をまとめて支払うことも可能なので在職中に総務部の担当者に相談するのもよいでしょう。

金銭的に余裕がある人は住民税を先払いすることもできます。その場合は、6～12月に退職したら、翌年5月までの未納額を最後の給料から一括で天引きしてもらうか、退職後に自分で分割払いするかを選択できます。ちなみに、年度の途中で引っ越しをしたとしても、1月1日に住んでいた市区町村に納付します。

給与明細の見方

出勤データと明細を照合して計算を

給与明細で最初に確認すべきポイントは〝勤怠〟。欠勤や遅刻などは支給額に影響するので、あらかじめタイムカードのコピーや出勤データを保存しておいて、給与明細が渡されたら明細内容と照らし合わせましょう。

残業代など月ごとに金額が変わるものも、支給額に大きく影響するので計算確認を忘れずに。残業手当は、原則、週40時間または1日8時間を超えて労働した場合に時間外労働手当が支給されます。ただし、会社によっては残業を調整しているケースもあるので、会社の雇用契約や就業規則などを事前に確認して、わからない場合は会社の経理に聞いてみましょう。

支給額が増える「手当」欄もしっかり確認！

〝支給〟の欄には、各種手当の金額が記載されています。手当は会社によってさまざまで、通勤手当、休日出勤手当、出張手当、住宅手当など。資格手当や職務手当がもらえるなら、積極的に資格取得や昇格試験を受けて収入を増やすのもひとつです。自分の会社にどんな手当や制度があるのか、一度確認してみるといいでしょう。

また〝控除〟の欄で、自分がどんな社会保険料や税金を天引きで払っているかを、目でみて把握することも大切です。社会保険料のなかでも金額が高いのが厚生年金。なぜかというと、国民年金の保険料も含まれているからです。

また、40歳の誕生日の前日の月（P105の⑥で詳しく解説）から、「介護保険料」の徴収が始まることも覚えておきましょう。所得税は、年末時に年末調整（P106で詳しく解説）を行って所得税の計算をし直し、払いすぎている場合は還ってきます。

給与明細の見本

❷ 支給	基本給	役職手当	資格手当	住宅手当	家族手当				
	200,000								
	残業手当	通勤手当					課税合計	非課税合計	総支給額合計
	62,500 ④	24,000 ⑤							286,500
❸ 控除	健康保険	介護保険	厚生年金	厚生年金基金	雇用保険	社会保険合計	課税対象額	所得税	住民税
	8,200		14,496 ⑦		1,575 ⑧	24,271 ⑥	238,229	3,500	7,000 ⑨
	財形貯蓄		借上住宅						
									控除合計
									34,771
❶ 勤怠	要勤務日数	出勤日数	欠勤日数					有給消化日数	有給残日数
	20	20	0						
合計	累積課税合計								差引支給額
	238,229								251,729

覚えておきたい給与明細の3構成！

**給料日に振り込まれる金額は「支給」から「控除」を引いて算出。
それぞれの意味を知って給料の仕組みを理解しましょう!**

❶ 勤怠

その月の勤務時間や勤務日数

出勤、欠勤、残業、遅刻早退時間など、その月の勤労時間が記載されたもの。給与に大きく関わることなので、タイムカードのコピーや残業時間の記録など手元に残して確認を。

❷ 支給

会社から支給されるお金の合計

❶に対しての報酬が示されているのが支給欄。残業手当、通勤手当、住宅手当、役職手当、資格手当など各種手当が基本給に加算されます。

❸ 控除

給料から天引きされるもの

給料からあらかじめ引かれるものを示す項目。保険料や税金などの「法定控除」と、各会社ごとに設定された財形積立や組合費などの「その他控除」があります。

④ 残業手当

残業手当のカウント間違いにご注意！

原則、週40時間または1日8時間を超えて労働した場合は、25%増しの時間外労働手当、週1回の休日に働いた場合は25%もしくは35%増しの休日労働手当が支給されます。

⑤ 勤労手当

手当の種類は会社によってさまざま!

勤労手当は通勤手当のほかに、寒い地方の場合は暖房費用として寒冷地手当が出たり、海外出張手当なども存在。会社によって手当内容は異なるので、明細の項目を確認してみましょう。

⑥ 社会保険料

社会保険料は4種類

社会保険料は、「健康保険」「厚生年金」「雇用保険」「介護保険」の4つ。40歳の誕生日の前日の月（12月1日生まれなら11月30日なので11月分の給与）から、介護が必要になった場合の「介護保険料」が徴収されます。

⑦ 厚生年金

厚生年金には国民年金が含まれている

社会保険料のなかでも厚生年金の金額が割高なワケは、国民年金（老齢基礎年金）の保険料が含まれているから。厚生年金を払うことで、その分、年金受給額が上乗せされます。

⑧ 雇用保険

雇用保険が天引きされているか要確認！

失業保険や職業訓練給付金などに使われます。悪質な会社の場合は、明細上で天引きをして実際には保険料を納めていないケースも。証拠になる給与明細は残しておきましょう。

⑨ 住民税

住民税の天引きは2年目から!

住民税の金額は前年の所得に対して課税されるため、社会人1年目は原則ありません。2年目の6月から毎月天引きされるので、手取りが減ることも。ちなみに、税率は地域によって多少の差あり。

年末調整ってなに？

払いすぎた所得税が還ってくる！

年末になると会社から、年末調整のための必要書類（申告書）が配られる人も多いでしょう。これは、毎月給料から天引きされている所得税の過不足を計算するために行われます。

なぜ毎月一定の税金が天引きされているのに、年末に計算をし直すのでしょうか。所得税は1年間働くことを仮定して、その人の所得によるおよその〝見込み額〟を毎月天引きしています。そのため、1年（1月1日から12月31日）経過したときに、実際の所得額をもとに計算し直して、過不足がないかを確認するのです。この手続きを「年末調整」といいます。

2016年からマイナンバーも必要に

再計算した結果、所得税を払いすぎていた場合は差額が還付され、足りない場合は差額を払わなければなりません。

できるだけ多くの還付を受け取りたいときは、年末調整の際に所得税の控除対象となるものを申請することです。たとえば、結婚や出産で扶養家族が増えたり、生命保険や個人年金に加入していたりすると、一定の金額が所得から控除されます。控除の申請ができるものは、必ず申請しましょう。

また、2016年の年末に行われる年末調整の書類からマイナンバーの記載が義務づけられます。扶養控除を申請する場合は、対象となる家族のマイナンバーも必要になります（マイナンバーについてはP138で詳しく解説）。

控除対象になるものは申請を！

任意の保険加入者や住宅ローン返済中の人は申請を忘れずに

年末調整で払いすぎた所得税が戻ってくるのは、生命保険や損害保険などの任意の保険に加入している人、住宅ローンを返済中の人、結婚や出産で家族が増えた人など。一方、給料の変動が激しく徴収した所得税では足りない場合は、不足分を支払わなければなりません。各控除内容はP111で説明していますので、該当するものがあれば年末調整の際に申請をしましょう。

保険料の控除を申請する場合は、加入先の保険会社から控除証明書が届くので、会社からもらう申請書に添付して提出します。介護医療保険料や地震保険料も控除申請ができます。万が一、年末調整で申請し忘れた場合は経理に再調整をお願いするか、確定申告をしましょう。

年末調整で税金が戻る・払う可能性がある人

自分がどちらに該当するか、下の表で確認してみましょう。

年末調整で税金が戻ってくる人

- 生命、地震、個人年金などの各保険に加入している
- 自宅の住宅ローンを返済している(2年目以降)
- 結婚して扶養家族が増えた
- 子どもが生まれた
- 親の面倒をみることになった
- 16歳以上の子どもが仕事を辞めた

年末調整で税金を支払う可能性がある人

- 毎月の給料の変動が激しい
- ボーナスの割合が極端に大きい
- 離婚した(扶養家族が減った)
- 親が扶養から外れた
- 16歳以上の子どもが就職した

年末調整の控除対象になるものを確認

申請が必要な控除は4つ

会社員なら誰でも控除対象になるのが「給与所得控除」。会社員は自営業者のように、仕入原価や販売経費などの必要経費を差し引くことができないため、それに代わり給与所得控除が認められています。個人で控除申請が必要なのは次のとおり。16歳以上の子どもや親、祖父母などを養っている場合は扶養控除、配偶者の年収が103万円以下もしくは103万円超141万円以下の場合は配偶者（特別）控除、個人で加入している保険があれば生命保険料控除、住宅ローンを支払っている場合は住宅借入金等特別控除が該当します。

【給与所得控除】平成28年分

年収	給与所得控除額
180万円以下	年収×40% 65万円に満たない場合は65万円
180万円超～360万円以下	年収×30% +18万円
360万円超～660万円以下	年収×20% +54万円
660万円超～1,000万円以下	年収×10% +120万円
1,000万円超～1,200万円以下	年収×5% +170万円
1,200万円超～	230万円（上限）

年末調整で控除対象となるものを知っておこう!

年末調整の控除対象のうち、以下の2～5に当てはまる人は、会社から配布される申告書(aとbの2種)への記入が必要になります。

1 給与所得控除

会社員なら誰でも対象に。計算方法は右の表のとおり。年収300万円なら、300万円×30%＋18万円＝108万円が給与所得控除額。

どう申請する?

その年の年収に応じて、会社が計算して自動的に控除してくれる場合がほとんど。

※実際には年収が660万円未満である場合には「年末調整等のための給与所得控除後の給与等の金額の表」で給与所得の金額が決まるので、右表の計算とは若干異なる場合がある。

2 扶養控除

16歳以上の子どもや親、祖父母などを養っている(扶養者)場合に認められる。扶養者の年齢や同居の有無によって38万～63万円を控除。

どう申請する?

勤務先で配布される「給与所得者の扶養控除等(異動)申告書」に記入。控除対象者がいなくても、提出しなければならない。

3 配偶者(特別)控除

配偶者の年収が103万円以下の場合は38万円の控除。103万円超141万円以下なら、配偶者特別控除となり段階的に控除額が少なくなる。

どう申請する?

配偶者控除は「給与所得者の扶養控除等(異動)申告書」、配偶者特別控除は「保険料控除申告書兼配偶者特別控除申告書」で申告。

4 生命保険料控除

個人で加入している生命保険、介護医療保険、個人年金保険に関して、最高4万円ずつ(合計12万円まで)が控除される。

どう申請する?

勤務先で配布される「保険料控除申告書兼配偶者特別控除申告書」に記入し、保険会社から送られてくる控除証明書を添付して提出。

5 住宅借入金等特別控除

自宅を購入して、住宅ローンを支払っている場合、入居年やローン残高などに応じて、一定額が控除される(年度によって条件は異なる)。

どう申請する?

最初の年は自分で確定申告を行う必要がある。翌年からは、金融機関から送られてくる年末残高証明書などを会社に提出する。

源泉徴収ってなに？

自分の給与と納税の金額を把握できる

年末になると、年末調整とともによく耳にするのが「源泉徴収」。源泉徴収とは、会社員が1年間（1月1日から12月31日まで）の給料から支払った所得税のことです。源泉徴収票をみれば、あなたがいくら稼ぎ、どのくらい国に所得税を納めているかが一目瞭然なのです。

この源泉徴収票ですが、毎月もらう給与明細とは異なる控除欄や源泉徴収額など、見慣れない項目があり読み解くにはちょっと難しい印象があります。まず「支払金額」に書かれている金額はさまざまなものを差し引く前の額面の給与。そこから、「給与所得控除」や「社会保険料控除」、扶養者がいる場合は「扶養者控除」や「配偶者控除」、年末調整で申告した「生命保険料控除」などの所得控除の合計を差し引くと、所得税の課税対象となる課税所得金額が出てきます。これに所定の所得税率をかけて算出したのが、1年間に支払うべき所得税（源泉徴収税額）になります。

年末調整をした人はその結果が反映されているので、なくさずに保管しましょう。

自営業や求職中の人はどうすればいいの？

年末調整の代わりに確定申告を

この源泉徴収票は、企業に勤めている人であれば会社からもらえますが、フリーランスの人や自営業の人は、年末調整の代わりに自分で確定申告をすることになります（P116で詳しく解説）。

また、年の途中で会社を辞めて転職した場合、前の会社の源泉徴収票をもとに自分で確定申告することになります。源泉徴収票は通常、退職するときにもらえます。もし紛失してしまった場合は、前の会社に再発行してもらわなければならないので、失くさないように気をつけましょう。

年末調整の結果を確認し、もし「生命保険料の控除を忘れていた」などの申告漏れがあった場合は、確定申告すると払いすぎた税金が還付されます。

源泉徴収票の見方

源泉徴収票を読み解いてみよう

源泉徴収票は細かく項目が分かれていて、その金額がなにを示しているかを読み解くのは少し難しいです。まず、下の表のⒶは1年間稼いだお金の総額で、ずばり今年の年収。表のⒷの金額は、Ⓐから「給与所得控除」を差し引いた金額です。表のⒸは、年末調整で申請した社会保険料（Ⓔ）や生命保険料（Ⓕ）などすべての控除金額の合計。そして、ⒷからⒸを差し引いた金額に所得税率をかけて計算した金額がⒹ。こちらが最終的に負担した所得税の総額になります。自分の源泉徴収票と照らし合わせて、確認してみましょう。

平成26年分　**給与所得の源泉徴収票**

支払を受ける者	住所又は居所	〒273-0105 東京都世田谷区○-○-○	氏名 (受給者番号) (フリガナ) (役職名) ●●●●●● ●●●●●

種別	支払金額	給与所得控除後の金額	所得控除の額の合計額	源泉徴収税額
給与・賞与	内 Ⓐ 2,526,000	Ⓑ 1,586,800	Ⓒ 785,804	内 Ⓓ 40,000

控除対象配偶者の有無等（有・無・従有・従無）	老人	配偶者特別控除の額	控除対象扶養親族の数（配偶者を除く）特定	老人	その他	障害者の数（本人を除く）特別	その他	社会保険料等の金額	生命保険料の控除額	地震保険料の控除額	住宅借入金等特別控除の額
		円	人 従人	内 人 従人	人 従人	内 人	人	内 Ⓔ 362,244	Ⓕ 44,560		

住宅借入金等特別控除可能額　0円　　国民年金保険料等の金額　0円	配偶者の合計所得	円
(適用)	個人年金保険料の金額	円
居住開始年月日:	旧長期損害保険料の金額	円

十六歳未満扶養親族	未成年者	外国人	死亡退職	災害者	乙欄	本人が障害者 特別	本人が障害者 その他	寡婦 一般	寡婦 特別	寡夫	勤労学生	中途就・退職 就職	退職	年	月	日	受給者生年月日 明	大	昭	平	年	月	日
人														22	2	1			*		45	6	18

支払者	住所（居所）又は所在地	東京都千代田区一番町○-○-○
	氏名又は名称	株式会社●●●●　　電話　03-0000-0000

※マイナンバー制度導入により、2017年度より様式は一部変更されます

源泉徴収票の見方をレクチャー！

**所得税の負担額はどのように算出されるのか、
それぞれの項目の意味と金額から読み解いてみよう!**

Ⓐ支払金額

1年間に稼いだお金の総額。手取りではなく、税金や社会保険料などが差し引かれる前の額面の年収額が書かれています。非課税の通勤費などは含まれません。

Ⓑ給与所得控除後の金額

年収に応じて一定割合で決まっている給与所得控除額をⒶから引いた金額がⒷです。自営業の人が必要経費を差し引くのと同じように、給与所得者にはこの控除がだれにでも認められています。

Ⓒ所得控除の額の合計額

1年間で支払った社会保険料Ⓔのほか、年末調整で申請した配偶者控除、扶養控除、生命保険料控除Ⓕ、すべての納税者が無条件で差し引ける基礎控除など、控除される金額の合計が記載されています。

Ⓓ源泉徴収税額

ⒷからⒸを差し引いた金額（課税所得）に所得税率をかけて計算した金額が記載されます。最終的に負担した所得税の総額がこちら。

Ⓔ社会保険料等の金額

会社で天引きされた健康保険、介護保険（40歳以上65歳未満の医療保険加入者が加入する）、厚生年金、雇用保険といった1年間の保険料合計額が記載されます。

Ⓕ生命保険料の控除額

1年間支払ってきた所得税額の調整を行う「年末調整」で申告した、個人加入分の生命保険・地震保険の控除合計を記載。保険の加入年度や種類によって、控除額が変わります。

確定申告ってなに？

所得を確定させて納税額を申告する手続き

確定申告とは、所得を確定させて納税額を申告する手続きです。前年1月1日～12月31日までの1年間の所得税額を自分で計算して、管轄の税務署に確定申告書を提出します。この申告によって、払いすぎた税金が還ってきたり、不足している税金を支払ったりします。確定申告をする義務があるのに意図的に確定申告をしない場合は、厳しい罰則があり厳正な処分が下るので忘れずに行いましょう。

払いすぎた税金を取り戻す代表的なものに、医療費控除が挙げられます。医療費控除は年間の医療費が10万円を超えると申請が可能です。対象になる医療費は、病気やケガの治療にかかった金額。通院で利用した交通費や駐車場代、ドラッグストアで購入した薬代も加算できるので、レシートや領収書をきちんと保管しておきましょう（P288で詳しく解説）。

医療費控除の対象になるのはどんなもの?

**実は控除対象になる意外なものも。
医療費に認められるものはレシートや領収書を保管しておきましょう。**

医療費として認められないもの

・健康診断、人間ドック費用
・美容整形
・美容目的の歯の治療
・里帰り出産の旅費
・入院するときに購入した衣服代
・妊娠検査薬
・サプリメント、栄養ドリンク
・医師の処方以外の漢方薬
・健康維持、疲労回復のための施術費

医療費として認められるもの

・通常の医療費、治療費
・不妊症の治療費
・入院のための部屋代、食事代
・歯の矯正(美容目的以外)
・歯科ローンの借入金
・出産費用
・出産までの定期健診
・出産での入院時の食事代
・通院のための交通費
・治療のための医薬品
・医師の処方による漢方薬
・治療のためのマッサージ
・鍼、灸、柔道整復師による施術費

確定申告が必要なのはどんな人？

自営業者や医療費10万円以上、家賃収入がある人も

確定申告が必要なのは、おもに自営業者やフリーランスなどの個人事業主です。そのほかに、年度の途中で退職した人や、年収が２０００万円を超える給与所得者、２カ所以上から給与を受けている人、年間の医療費が10万円を超えた人（もしくは年収が２００万円未満で、医療費の自己負担額が所得額の５％を超えた人）、家賃収入などの不動産所得がある人、給与所得以外の副収入の合計が20万円を超える人なども該当します。

会社員の場合は、年末調整が確定申告に当たるので、基本的には確定申告をする必要はありません。しかし、年末調整をした人でも、確定申告を行うことで払いすぎた税金が戻ってくる可能性もあります。また、１年間の給与合計額が１０３万円以下の場合は確定申告をする必要はありません。

061

住宅ローンも控除対象に

条件にすべて該当したら忘れずに申告を！

住宅ローンを組んでいて、以下のすべてに該当する人なども確定申告すれば控除が受けられます。

①新築または住宅取得後6カ月以内に住み始め、その年の12月31日まで引き続き居住している

②控除を受ける年の合計所得金額が3000万円以下

③新築や購入した住宅の床面積が50㎡以上で、床面積の半分以上を自己の居住用として使用している

④民間金融機関や住宅金融支援機構などで住宅ローンを組み、返済期間が10年以上であること

⑤住居取得をした年とその前後2年ずつの間に、居住用財産を譲り受けて課税の特例を受けていない

国民年金ってなに？

20歳から支払う義務があり65歳から年金受給できる

国民年金とは、20歳になったら誰もが加入する公的年金制度。所得に関係なく、掛け金が一律に決まっています。年金を支払うことで、加入した期間に応じた金額が65歳以降に支給されます。

国民年金は、一般的に自営業やフリーターなどが加入します。65歳以降、年金をいくらぐらいもらえるかというと、20歳から60歳まですべて払って年間78万1００円（平成28年4月分からの年金額）。月々6万5０００円ほど。老後の受給額を増やしたい場合は、付加年金（Ｐ３１４）や国民年金基金（Ｐ３１２）に加入して年金の支払額を上乗せする手段もあります。

国民年金の支払い方法は、自治体から送られてくる振込用紙で毎月支払うか、口座引き落としを選べます。年金は60歳までに25年以上払わないと基本的には年金を受給できません。途中で支払いを中断したり滞納したりしてしまうと払った分がムダになるので、老後のためにも決められた額を期日内にきちんと払いましょう。

収入が少なくて年金が払えないときは？

収入が一定額以下の場合は納付免除に

求職中でなかなか次の就職先がみつからないと、収入が少なくて国民年金が払えない場合も。国民年金保険料は毎月納める必要がありますが、経済的に難しいときは未納にせずに、市区町村役場の年金課の窓口で相談してみましょう。前年度の所得が低い場合や無職と認定された場合などを対象に、国民年金保険料が免除・猶予されます。雇用保険の離職票や所得を証明できる書類を持参して、役所の年金課で「国民年金保険料免除・納付猶予制度」の手続きを。学生には学生納付特例制度があります。

配偶者からの暴力（DV）により配偶者（DV加害者）と住居が異なる人は、配偶者の所得にかかわらず、本人の前年所得が一定以下であれば、保険料の全額または一部が免除になります。なお、免除期間中は未納扱いにはなりませんが、65歳以降にもらえる年金額は少なくなります。

厚生年金ってなに？

会社員が加入する公的年金制度

厚生年金は、会社員や公務員、一定条件を満たしたパートアルバイトなどが加入できる公的年金制度。厚生年金は会社から給料天引きで支払われ、その中には国民年金の費用も含まれています。給与明細をみると、厚生年金の金額が高いと感じるのはそのため。

公的年金を図にすると3階建てになっていて、1階が国民年金、2階が厚生年金、3階が厚生年金基金や確定拠出年金など上乗せできる年金になっています。厚生年金は1～2階を支払っているので、国民年金加入者より将来もらえる年金も多くなります。また、厚生年金の費用は会社が半分負担してくれているので、実は個人の負担額が少なく、国民年金加入者よりもお得です。また、夫が厚生年金に加入している場合、妻が夫の扶養になると妻も年金を受給できます。

国民年金と厚生年金の仕組み

**公的年金は3階建てで構成。
国民年金と厚生年金の仕組みを図解で紹介!**

3階		厚生年金基金 確定拠出年金（企業型） 個人型確定拠出年金★ （2017年1月から）	
2階	国民年金基金 個人型確定拠出年金 付加年金	厚生年金	個人型確定拠出年金★ （2017年1月から）
1階	国民年金	国民年金	国民年金
	第1号被保険者 自営業者、学生など	第2号被保険者 民間企業の会社員など	第3号被保険者 第2号被保険者に扶養される配偶者

★P124で詳しく解説

個人型確定拠出年金ってなに？

今後は会社員や公務員、主婦も加入が可能に！

老後にもらえる年金を自分で増やすことができる確定拠出年金のなかに、「個人型確定拠出年金（個人型ＤＣ・個人型４０１ｋ）」というものがあります。窓口は国民年金基金連合会です。

加入対象者は、これまでは自営業者や企業年金制度がない会社に勤める会社員に限定されていました。しかし、今後予定されている確定拠出年金法の改正によって、２０１７年1月からは会社員や公務員、主婦も含めて、国民年金の加入者であればだれでも加入できるようになります。

加入手続きの第一歩は、国民年金基金連合会のホームページで公表されている運営管理機関（金融機関）の情報を調べ、気になった機関の資料を取り寄せることから始めます。その資料に記載されているさまざまな金融商品を吟味し、自分で好きな組み合わせで運用することができます。

加入の方法

個人型確定拠出年金には
以下の手順で加入をします。

❶運用管理機関を確認

国民年金基金連合会のHPに記載されている運用管理機関（金融機関）を確認します。

❷資料を請求

運用管理機関の候補をいくつか選び、加入に関する資料を請求します。

❸運用管理機関を決定

金融商品やサービス内容などを資料で比較して、どの運用管理機関を利用するか決めます。

❹必要書類を提出する

❸で決めた運用管理機関経由で、国民年金基金連合会へ加入申請書などの書類を提出します。

個人型確定拠出年金の3つのメリット

所得税、住民税や投資で得た収益の税金を節税できる！

個人型確定拠出年金（個人型ＤＣ・個人型４０１ｋ）のメリットは３つあります。ひとつは、所得税と住民税の控除。個人型ＤＣで掛けた金額の全額が所得控除の対象となるだけでなく、所得に応じて住民税も控除され節税になります。次に、個人型ＤＣの運用で得た収益は全額非課税という点も見逃せません。最後に、受給の方法によって控除も変わります。基本的に受け取り方は「年金形式」「一時金形式」の２つ。詳細は国民年金基金連合会に問い合わせてください。

注意点として、個人型ＤＣに加入するときは、国民年金基金連合会に加入手数料を支払わなければいけません。そして一度運用を開始したら60歳まで引き出すことができない点も覚えておきましょう。また、投資信託での運用をする場合、金融機関に対して信託報酬も支払わなければいけません。

節税効果のある3つのメリット

個人型確定拠出年金で
節税するポイントをおさらい。

メリット 1

運用で得た収益は非課税になる

投資信託の売却益や分配金など、確定拠出年金の運用で得た収益は全額非課税になります。

メリット 2

受給時に控除が適用される

受給する際に、運用資産を一定額ずつ受け取る年金形式では「公的年金等控除」が、一括で受けとる一時金形式では「退職所得控除」として税金の控除が受けられます。

メリット 3

所得税・住民税が軽減される

個人型確定拠出年金で掛けた金額は、全額控除の対象に。下図のように、掛け金に応じた金額が節税できます。

1年間の拠出額	課税所得額 100万円	300万円	500万円
12万円（毎月1万円）	1万8000円	2万4000円	3万6000円
27万6000円（会社員の上限額）	4万1400円	5万5200円	8万2800円
81万6000円（自営業者の上限額）	12万2400円	16万3200円	24万4800円

出典：りそな銀行　※節税効果は所得税と住民税の合算

067

覚えておきたい「106万円の壁」

夫の扶養に入るには所得106万円未満を厳守!?

パート主婦の働き方に大きく関わるニュースが「106万円の壁」。2016年10月に施行される「短時間労働者に対する被用者保険の運用拡大」によって、社会保険の認定基準が変わるのです。

これまでは夫の扶養に入れる条件が年間所得130万円未満だったのが、認定基準の変更後は年間所得が通勤費込みで106万円未満に引き下げられてしまいます。つまり、106万円以上の所得があると、夫の扶養から外れなければならないのです。

ただし、社会保険加入者の対象が拡大するということは、パートタイマーでも厚生年金に加入できるチャンスなので、加入する場合は将来受け取れる年金受給額が増えます。対象者は、従業員501人以上の企業で週20時間以上かつ、1年以上勤務が見込まれる人です。

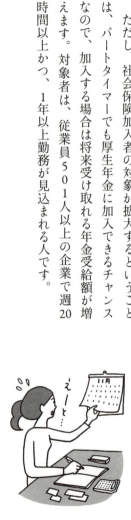

病気やケガで長期間休んだ場合の給料は？

業務中の災害なら「労災認定」適用で給付金が出る

もしも病気やケガで長期間会社を休むことになったら、休業中の給料はどうなるのでしょうか？　たとえば、通勤途中の事故や仕事が原因で病気になった場合は、会社で加入している労災保険（労働者災害補償保険）が適用されます。業務上または通勤途中の災害によって負傷したり、病気になったり、障害が残ったり、死亡した場合に、労働者やその遺族に対し保険金が給付されます。業務中の災害が原因とみなされれば、働けない間の給料もこの保険が補償してくれるというわけです。

労災保険（以下労災）が適用されるのは、賃金を受けられない日が4日以上に及ぶ場合。つまり、会社を3日間休み、4日目以降からになります。給付額は、受給前3カ月間の給与をもとに給付基礎日額の80％が支給されます。認定基準には、業務上の心理的負荷による精神障害もあり、うつ病も労災の対象になります。労災が適用される労働者は、パートやアルバイト、派遣社員も含まれます。

休日に病気やケガをしたときはどうなる？

「傷病手当」が支給される

業務中以外の休日や私用時に病気やケガをして長期間働けない場合は、会社で加入している健康保険から「傷病手当金」が支給されます。連続する3日間を含み4日以上休んでいるなどが条件で、受け取れる金額は標準報酬日額の3分の2に相当する金額となります。支給される期間は、支給開始日から最長1年6カ月。ただし、休業期間も有給扱いになるなど報酬が発生する場合は、金額が調整されます。

たとえば、傷病手当金が10万円で、会社からの報酬が8万円の場合はその差額の2万円が支給額となります。傷病手当金よりも多い額の報酬が支払われた場合は、支給されません（P284で詳しく解説）。

こんなときは、「労災」or「傷病手当」どっち？

病気やケガの原因やタイミングによっては労災が適用されないことも。次のようなシチュエーションはどうなるのか、ケーススタディを紹介します。

case 1

お昼休みに来訪した顧客と昼食を食べにいく途中で事故に遭った。

answer

場合により、労災保険が適用されます

休憩時間は自由に使うことができるため、業務遂行性が認められません。ただし、ランチミーティングであれば業務中と認められ、労災が適用されることもあります。

case 2

1カ月前に赴任してきた上司のパワハラでうつ病になり会社を長期休むことになった。

answer

傷病手当が支給されます

ポイントは1カ月前であること。うつ病で労災と認定されるには、発病前6カ月の間に、業務による強い心理的負荷が認められることとされています。この場合は期間が短いため、労災保険ではなく傷病手当となります。

case 3

デスクワークのしすぎで、肩こり、腰痛になってしまった。

answer

労災保険が適用されます

明らかにデスクワークが肩こり、腰痛の原因であるならば、労災保険が適用されます。ただし、その因果関係を証明できるように経過をまとめておきましょう。

Lesson 2

仕事とお金の基本

070

失業保険はいつからもらえる？

受給は1～3カ月後から！

失業後の生活費の軸となるのが、一般的に〝失業保険〟と呼ばれる「失業給付金」。しかし、会社を辞める理由により給付が始まる時期が異なります。

会社が倒産したり給料が払えないなどの会社側の都合で仕事を辞めることになった場合は、待期期間の7日を経て約1カ月後に給付されます。正当な理由がなく自己都合で仕事を辞めた場合は、待期期間の7日に加えて、3カ月の給付制限後から給付されます。1日の給付金は退職前6カ月間のボーナスを除く賃金を180日で割った額の50～80％です。被保険者であった期間が10年未満の場合、受給期間は90日間となります。

給付金がもらえるとはいえ、毎月の収入が減るうえ、次の就職先がみつからないと、失業給付金だけでは生活が苦しくなるでしょう。退職後の生活も見据えて、仕事を辞める前に最低でも生活費の5カ月分は貯蓄しておきたいものです。「失業給付金」の手続きの仕方はP294で詳しく解説。

退職金ってだれでももらえるの？

会社によってはそもそも制度がない場合も

労働者が会社を辞めるときに支払われる「退職金」。定年退職以外のケースでも、退職金はもらえるのでしょうか？　実は、退職金制度は法律で決められた制度ではありません。そのため、近年では退職金制度を廃止する企業が増えていますので、まずは勤務先に確認してみましょう。退職金制度が導入されている場合、勤続年数が長く、職能（業務上の能力や役割）が高いほど退職金が多く支払われる傾向があります。ただし、それぞれの企業の就業規則によって査定基準が異なるので、もらえる金額や支払われる時期なども聞いておくと安心です。

退職金の支払いは、一括払いがおもですが、退職後に分割して支払われる年金払いのケースもあります。また退職金の気になる平均相場は、25歳以下で0～10万円前後、30代で50万円前後、定年退職の場合だと1500万～3000万円くらいになることもあります。

Lesson 2

仕事とお金の基本

072

会社を辞める前にしておくべきお金の手続き

給料から天引きされているものを再確認！

会社を辞めることになったとき、その前にやっておくべき〝お金の手続き〟があることを忘れずに。会社に申請すればいいものと、自分でやらなければならないものがあります。会社を辞める前にしておくことは、まず積立系の制度。財形貯蓄、持ち株会、社内預金、退職金積立など、預金類は解約請求が必要です。入社時に申請をして、天引きされていること自体忘れていることも少なくないので注意しましょう。

次に社会保険系の制度。転職をしない場合は健康保険は国民健康保険へ、厚生年金は国民年金へ切り替えを。住民税に関しては、6月〜12月に退職したら、翌年5月までの未納額を最後の給料から一括払いで天引きしてもらうか、退職後に自分で分割払いするかを選べます。源泉徴収票は再就職の際や求職中でも必要になるので、紛失しないように気を付けましょう。

失業給付金の仕組みと手続きの仕方

まずはハローワークで申請手続きを

失業給付金は働きたい人が再就職するまでを支援するのが目的の制度です。失業給付金を受け取るには、ハローワークへ求職者給付の申請手続きをします。その際に、勤めていた会社の雇用保険被保険者証と雇用保険被保険者離職票が必要になります。また、給付金の金額は勤続年数や収入によって異なります。たとえば、勤続年数が1年以上5年未満で、年齢が30歳未満の人の最高給付額は日額6395円となります。

受給者は4週間に一度ハローワークに行き、失業の認定を受けると、指定の預金口座に日数分の給付金が振り込まれます。受給期間は退職した日から1年以内で、その期間を過ぎてからの申請は無効になるので早めに申請を。特例として、病気やケガ、妊娠、出産、育児、親族の介護などが理由で30日以上働くことが難しい場合は、最大で3年間期間を延長することも可能です。

副業にはどんなものがある？

自宅で副収入を稼げるネット副業が人気

「給料がなかなか上がらない」「とにかく早くお金を貯めたい」という場合は、投資以外の資産を増やす方法として、副業を考えてみるのもひとつです。最近では副業ＯＫの会社も増えてきているので、勤め先の就業規則を一度確認してみましょう。確認の仕方がわからなければ、総務部に問い合わせましょう。

週末の休みを利用して副業するなら、スーパーの試食販売を行う通称「マネキン」や、飲食店や美容室、エステなどの覆面モニターなど。最近はＰＣやスマホを使った在宅ワークも人気です。アフィリエイトはおなじみですが、「せどり」も話題に。「せどり」とは、古本屋などで安く掘り出し物を見つけて、ネットオークションやＡｍａｚｏｎなどで転売するビジネス。そのほか、自宅の不用品や自作アイテムを「メルカリ」などのフリマアプリで売るのも手。これなら特定の知識はいらないし、不用品がお金になって一石二鳥です。本業に影響が出ない範囲で、収入を増やしてみてはいかがでしょうか。

副業で得た収入の税金はどう扱われる?

年間20万円以上の所得は確定申告を

ネット副業の数やジャンルが広がり、手軽に副収入が得られるようになりましたが、副業をするうえで気をつけたいのが税金のことです。

会社員であれば、会社が年末調整を行ってくれるので本来は確定申告をする必要はありませんが、副業で得た所得が年間20万円を超えた場合は、その分の確定申告をしなければなりません。

本業と副業の稼ぎを合計すると、当然、所得は増えます。しかし、よろこんではかりもいられません。なぜなら、所得額によって翌年の所得税と住民税が決まるからです。つまり、収入は増えたけど、所得税と住民税も上がったという結果も考えられるのです。必要経費を引いて年間の所得が20万円以下であれば確定申告の必要はないので、お小遣い稼ぎ気分でその範囲内で副業を楽しむのもアリです。ただし、会社員が副業で別の会社から給与収入を得た場合は、確定申告が必要となるので注意しましょう。

Lesson 2

仕事とお金の基本

076

マイナンバーってなに？

行政の手続きに必要な身分証明書

２０１５年10月から開始した「マイナンバー制度」。このマイナンバーとは、国民ひとりひとりにつけられる数字のことです。個人に異なる12桁の番号が割り当てられ、この番号は一生変わることなく、自分の番号として使い続けます。

マイナンバーカードは、源泉徴収票の作成、確定申告、雇用保険や年金の手続きなどの、社会保障、税、災害対策の行政手続きの際に提示が必要になります。

そもそもなぜ、国民に番号をつけることになったのでしょうか。それはずばり社会保障の管理を一元化するため。これまでは各管轄でバラバラに管理されていた健康保険や年金、税金などを、マイナンバーの施行によって一括で管理できるようになります。一括で管理することによって、個人個人の保険料や税金の納付状況が把握しやすくなるため、税金の滞納者の摘発なども厳しくなると思われます。印鑑登録証、ｅ－Ｔａｘ、図書館利用時の身分証明書代わりにもなるので、失くさないよう大切に保管しておきましょう。

マイナンバー制度で副業がバレる!?

会社に通知される「住民税額」で足が付く可能性も

2016年1月、マイナンバー制度が実施されました。それに伴い、今「副業がバレる!?」という話題に注目が集まっています。

たとえば、本業以外に副業でアルバイトをしている場合、年末に本業だけでなく副業の会社からも市区町村に本人の収入が報告されます。市区町村は、その2つの収入の合計額を基に住民税額を計算して本業の会社に通知するので、そのとき、本業の会社が把握しているあなたの住民税額より多いと、怪しまれて副業がバレてしまう可能性が考えられます。

これは市区町村に報告する書類に記載が必要なマイナンバーと、私たちの収入がすべてひもづけされて自治体に把握されるから。副業をしている人は注意しましょう。

財形貯蓄ってなに？

会社が給料から貯める分を天引きしてくれる貯蓄制度

会社勤めをしている人は、最初から「貯める」ための制度を用意されている場合が多くあります。その代表が「財形貯蓄」。国の「勤労者財産形成制度による貯蓄」の略で、会社が金融機関と提携して、給料から天引きしてお金を貯めるようにする制度です。経理に解約を申し出ないかぎり引き出しができないので、確実に手堅く貯めるには最適な貯蓄法です。また、ボーナス月は天引きする貯蓄額を増やすこともできます。

利用できるのはこの制度を導入している会社のみですが、導入会社なら正社員だけでなく、パートやアルバイトの人でも利用可能です。利用は入社時から退職するまで可能（財形住宅と財形年金は満55歳まで）。退職や転職の際は、転職先に財形制度があれば、そのまま引き継いでもらうこともできます。解約すれば払い戻しされますが、「財形住宅」と「財形年金」の場合は用途以外の解約とみなされて、利息にかかる税金約20％が5年さかのぼって課税されるので注意が必要です。

財形貯蓄のメリットが知りたい

利息に対する税金なし、住宅購入費の融資など好条件つき

財形貯蓄には、単純にお金を貯める「一般財形」と、老後の資金用の「財形年金」、住宅の購入やリフォームなどのために貯蓄をする「財形住宅」の3タイプがあります。会社によって異なるものの、いずれも積立金額は1000円単位で設定できる場合がほとんど。最短の積立期間は「一般財形」で3年、「財形年金」と「財形住宅」で5年以上と決まっています。

銀行の定期積立と似ていますが、大きく異なる点は「財形年金」と「財形住宅」には利息に税金がかからないということ。銀行の預金だと利息に約20%が課税されて引かれてしまいますが、それぞれの財形貯蓄の元利合計550万円までの利息には税金がかからないというメリットがあります。また、いずれかの財形貯蓄で50万円以上貯めていれば、住宅購入の際に融資が受けられます。将来マイホーム購入を予定している人にも、おすすめの貯蓄法です。

Lesson 2

仕事とお金の基本

080

財形貯蓄の種類と特徴

目的以外の引き出しは課税対象になるので注意

財形貯蓄には3種類あり、財形年金と財形住宅は利用するための条件があります。まず、「一般財形」ですが、貯める目的はなんでも構いませんが、預金金額は1000円以上、1000円単位で、3年以上積み立てるのが条件。原則として利用開始から1年間は貯めたお金を引き出すことはできません。また、一般財形貯蓄の場合は利息に対して約20%が課税されます。

「財形住宅」は、持ち家やリフォーム工事などを目的に5年以上貯めるのが条件。「財形年金」は、老後の生活費のために5年以上貯めるのが条件。この2つは基本的に課税されませんが、目的以外の利用で貯蓄を引き出すと5年さかのぼって全利息に対して約20%課税されるので注意しましょう。

財形貯蓄のタイプは途中で変更できないので、ゆくゆくの将来設計も立てたうえで特徴や条件の合うものを選ぶといいでしょう。

財形貯蓄ってなに？

会社が導入していれば、給料から天引きでお金を貯められる「財形貯蓄」。3タイプありますので、それぞれの特徴をみてみましょう。

［財形貯蓄の種類と特徴］

種類	特徴
一般財形	貯める目的はなんでもOK。預入金額は1000円以上、1000円単位で、3年以上積み立てるのが条件（3年以内に払い戻しても、解約にならない）。ただし原則として1年間は引き出すことができない。ほかの2種類と違って、利息に対して約20％課税される。
財形年金	老後の生活費のために5年以上貯めるのが条件。積み立てたお金は、引き出さない限り60歳から受け取れる。それ以外の目的で引き出すと、5年さかのぼって全利息に対して約20％課税されてしまう。
財形住宅	持ち家取得やリフォーム工事などのために5年以上貯めるのが条件（ただし、5年以内に住宅を取得した場合には引き出しが可能）。それ以外の目的で引き出すと、5年さかのぼって全利息に対して約20％課税されてしまう。

仕事とお金の基本
心得

一、給与明細を
　　きちんと読み解く

二、年末調整は控除になる
　　書類を忘れずに提出

三、休業、求職中は
　　給付金や手当をフル活用

Lesson3

お金の貯め方の基本

貯蓄の仕組みがうまくできていないと、
お金もなかなか貯まりにくいもの。
上手に貯蓄するには銀行口座を使い分けて、
家計をしっかり管理することが重要です。
お金の流れを把握して、目指せ貯め上手!

あるだけ全部使っちゃうノープランタイプの貯め方

困ったときのクレジット払いは即ヤメ！

お財布にお札が入っているだけ使い切り、足りなくなればATMへダッシュ！　そんな行動に身に覚えがある人は、無計画にお金を使ってしまうノープランタイプに該当します。ひょっとして、税金や公共料金など滞納していませんか？　そのルーズさと自分への甘さに危機感を持って、すぐに見直しを。

まずは毎月の家計を把握するなど、貯蓄態勢を整えることからスタート。リボ払いや借金があるなど、毎月の生活費が赤字の人はまず0に戻すことが第一の目標です。買い物をするときは衝動買いしたい気持ちをぐっと抑えて、それが本当に必要かどうか考えましょう。現金がなければカードに頼ってしまう悪いクセはすぐに断ち切ること。リボ払いを利用している人は繰り上げ返済して早めに完済を。なければ使わないので、クレジットカードは持ち歩かないか自信がなければハサミで切ってしまいましょう！

タイプ別マネー体質診断

下の項目が3つ以上当てはまれば
あなたはノープランタイプ。

- □家計簿をつけていない
- □積立貯蓄をしていない
- □生活費が足りなくなるとついカードを使ってしまう
- □リボ払いをしている
- □ときめくと衝動買いをしてしまう

082

節約しているつもりの隠れムダ遣いタイプの貯め方

安物買いの銭失い多し！　目標は「給料3カ月分」の貯蓄

早く給料日がこないかなぁ……と指折り数えているあなた。今はなんとかなっていても、病気やケガ、失業などで収入が途絶えたときは危険。「なんとかなるさ」という甘い考えは今すぐに捨てましょう。

セール品や特売品をみると買わずにいられないのがこのタイプ。大きな買い物はしていないから大丈夫、と思っていませんか？　実はそれが落とし穴で、1000円未満の細かい買い物を無意識にしている人がこのタイプに多いのです。満足感の少ない買い物はチリつもで結果的に大きな出費へと繋がり、それがムダな出費の最大の原因に。

無意識にお金が流れ出ているこのタイプは、給料から強制的に貯蓄される会社の財形貯蓄制度や銀行の定期積立を利用しましょう。まずは、給料の3カ月分を目安に貯めてみることから始めましょう。

タイプ別マネー体質診断

**下の項目が3つ以上当てはまれば
あなたは隠れムダ遣いタイプ。**

- □家計簿をつけていない
- □100円ショップやドラッグストアが好き
- □半額シールにすごく反応する
- □人に誘われるとなかなか断れない
- □仕事(学校)帰りにとりあえずコンビニに寄る

節約しても本末転倒! 固定費貧乏タイプの貯め方

家賃を見直して少なくとも収入の1割は貯蓄を!

節約を心がけて、ムダ遣いもしないようにがんばっているんだけど、なぜかお金が貯まらない。そんな人は、そもそもお金が貯まる仕組みが作れていない可能性があります。贅沢はしていないのになぜかお金が貯まらないという場合は、毎月の固定費が収入に見合っていない可能性があります。家賃が収入の3割を超えていると、貯蓄にお金が回りにくくなり、そのぶんお金が貯めにくくなります。思い切って引っ越しをしたり、更新時に家賃交渉を行ってみましょう。最低でも収入の1割は強制的に貯蓄に回して、焦らず少しずつ貯めていく生活に切り替えて。

節約はできていて、お金への意識はすでに備わっていますから、あとは固定費を見直して節約をすれば、年100万円の貯蓄も夢ではありません。

タイプ別マネー体質診断

**下の項目が3つ以上当てはまれば
あなたは固定費貧乏タイプ。**

- □家賃が収入の3割を超えている
- □通信費が月2万円を超える
- □少しお金が貯まっても突発的な出費ですぐ減る
- □積立貯蓄をしていない
- □プチご褒美がやめられない

そこそこ貯蓄がある マネー優等生タイプの貯め方

さらに上を目指して金融知識を深めよう

お金の管理ができていて、しっかり貯蓄もできているマネー優等生タイプの人は、このペースを崩さないこと。そして、マネーリテラシー（金融知識）を磨いてさらに上を目指しましょう。

現時点で100万円くらいの貯蓄があるなら、利子の高い定期預金に移すなど、少しでも増やす意識を持ちましょう。普通預金に預け入れたままなら、ネットバンクの定期預金や地銀のユニークな定期預金（P186、187で詳しく解説）のほうが利率がよくておすすめです。さらに、年100万円ペースで貯められている人は、投資へのチャレンジも考えてみては。多少のリスクはありますが、うまく運用できればこれまで以上の貯蓄のペースアップが期待できます。LESSON5（P239〜）で投資運用の解説をしているので、そちらも参考に少額からでもチャレンジしてみてはいかがでしょうか？

タイプ別マネー体質診断

**下の項目が3つ以上当てはまれば
あなたはマネー優等生タイプ。**

- □家計簿をつけている
- □年間100万円以上の貯蓄ができている
- □支払いはおもに電子マネーやクレカなど
ポイントが貯まるもの
- □ネット銀行を利用している
- □投資に興味がある

貯蓄上手が実践している6つの習慣

お金が「貯まる仕組み」を作る!

100万円台、さらには1000万円台の貯蓄がある貯蓄上手さんたちには共通する習慣があります。それは、「手取り収入が多い」や「家賃が低いから」ではなく、すぐにだれでも真似できる日常的なことばかり。それが以下の6つの習慣です。これは、P146~153で解説したノープランタイプ、隠れムダ遣いタイプ、固定費貧乏タイプ、マネー優等生タイプのすべてに当てはまる、貯蓄の基礎となる部分。さっそく実践して「貯まる仕組み」を作りましょう!

6つの習慣

次の6つを守って、あなたも「貯まる仕組み」を作りましょう!

1 **先取り貯蓄をする**
給与が入った時点で貯蓄用口座にお金を移し替えて。面倒な人は定期積立預金を利用しましょう。

2 **衝動買いをしない**
欲しいものは本当に必要かを考えてネットでリサーチ。安い店やポイントが貯まる店選びを徹底。

3 **マネー情報に積極的**
カードでマイルを貯めたり貯蓄ができたら投資にも挑戦したり、貯蓄を増やすことにも積極的!

4 **好きなことにお金を使う**
外食や海外旅行など好きなことにはお金をかけて、メリハリ出費が上手。我慢しすぎないことも重要。

5 **ボーナスは貯蓄**
ご褒美3割、貯蓄に7割を回すとより速くお金が貯まります。100万円台を突破したら投資も視野に。

6 **銀行を使い分ける**
給与用のほかに貯蓄用口座、投資用の口座など複数の口座で管理するとお金の流れが把握しやすい。

お金はどうしたら貯められるの？

ムダを省いて実現可能な金額設定にする

「収入が少ない」「ひとり暮らしで貯める余裕がない」、そんな声をよく耳にします。でも、収入はそんなに変わらないのに、毎月コツコツと貯蓄をしている人はたくさんいます。その人たちと貯められない人たちとの差はなんでしょうか？　答えは、ムダが多いか少ないかです。なぜお金が貯められないのかと思ったら、ムダの原因を探ることが大切。

過去に、切り詰めた生活や欲しいものを我慢することに疲れて、貯蓄に失敗した経験がある人も多いと思います。貯蓄はダイエットと同じで、無理な生活を送ればストレスが溜まるし、最初から高い目標を設定すると長続きしません。そんな〝貯蓄リバウンド〟をしないためにも、まずは叶えられそうな金額を設定すること。ゆくゆくは１００万円貯めたいと思っていても、それは長期的な目標に置いて、最初は10万円程度など目先の目標を立てましょう。達成したときの満足感を得ると、「じゃあ次は30万円！」とモチベーションも高まります。

人生には3回お金の貯めどきがある！

独身、DINKS、定年前は貯蓄をペースアップ

貯蓄は思い立ったときにいつでも始められますが、人生のなかで特にお金が貯めやすい時期が3回あります。

まず最初の貯めどきが独身時代。このときは、お金も時間も自分のためだけに使える時期。ましてや実家暮らしであれば、収入のほとんどを自分の好きなように使えます。それは裏を返せば、お金を貯めやすい時期でもあるのです。2回目の貯めどきは、夫婦共働きで子どももなしのＤＩＮＫＳ時代。世帯収入が増える時期で、このときに貯められるだけ貯めておくと、後々金銭的に楽になります。最近は平均初婚年齢が上がってきていてその後の貯めどきが短い傾向にあるので、この時期の貯蓄がより意味を持つことになります。

3回目が定年前。子どもが社会に出てから、自分たちが定年になるまでの期間は最後の貯めどき。子どもの教育・養育費がなくなる分、リタイア後の生活を見据えて貯蓄を。この頃までに住宅ローンを完済していると貯蓄ペースはさらにアップします。

お金が貯まらない人は〝消えモノ〟チェックを

少額のかたちに残らないモノはムダの温床！

お金が貯まる人と貯まらない人の差は、習慣的に使っているお金の〝質〟に出ます。たとえば、高額でも気に入った洋服を買ったときには「お金を使った」という意識が生まれ、洋服はかたちに残り、満足感も得られます。一方、毎日のランチ代やドリンク代などは消費するとかたちに残らないので、お金を使った意識や満足感がそれほど得られません。

こういった「食費」「飲み物代」「たばこ代」「美容費」「交通費」などの日常的な〝消えモノ〟の代金にこそ、ムダが潜んでいるものです。食後のコーヒーや仕事帰りのコンビニなど、心当たりがある人は注意。これらは生活のなかで習慣化されていることが多く、1回の金額も少ないので、ムダに気づきにくいところが落とし穴なのです。長期でみると、相当な金額を使っていることになります。まずは、買い物のレシートをチェックして、無意識に使っている消えモノ消費を改善していきましょう。

レシートチェックでムダ探し

レシートに○、△、×をつけるだけ！

目標の金額を貯めるためには、まずムダを見つけてそれを節約することが第一歩ですが、自分で気づくのは難しいもの。ムダ遣いを客観的に見るためには、レシートチェックが最適です。買い物のレシートは捨てずに、購入したそれぞれの商品名をチェックしながら、必要なもので安く買えたものは○、必要だけれど節約の余地があるものは△、ムダ遣いは×と印をつけてみましょう。×印のついたものの合計金額は、貯蓄可能金額ともいえるでしょう。まずは1週間分のレシートをチェックし、次の1週間はそれらのムダな品目を除いた予算で生活してみましょう。続けていけると感じたら、長期で実践すればよいのです。

また、月の予算は頭のなかだけで計算するのではなく、数字をきちんと書き出すことが大切。収支を項目別に記録する家計簿をつけて、定期的に見直すクセをつけましょう。

レシートに○、△、×をつけてムダをチェック!

**レシートは捨てずに、品目に○、△、×をつけましょう。
○=必要なもので安く買えたもの、△=必要なものだけど節約可能なもの、
×=ムダだったもの、で判断。さっそく試してみましょう。**

1.レシート内容を確認する

レシートは封筒などに保管して、1カ月か1週間ごとに確認します。

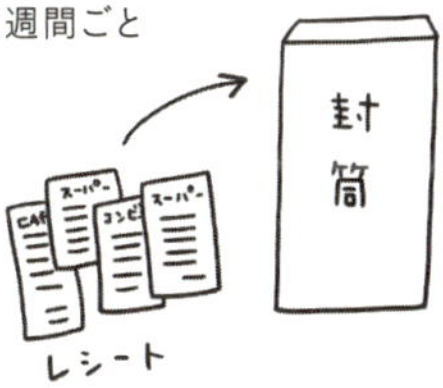

2.○△×をつける

商品名ごとに.○△×をつける。買い物した内容を見直すだけでも、自分の出費傾向が見えてきます。

3.×のついた合計金額を計算

×がついた項目の合計金額がムダな出費。つまり、その分が節約できる金額であり、貯蓄に回せる可能性があるということです。

Lesson 3

お金の貯め方の基本

090

家計簿ってつけたほうがいいの？

お金の流れを知るツール。見直すことでムダが見つかる

大きな買い物の出費は覚えていても、数百円単位の細かい出費まで覚えておくのは大変です。そこで、お金の流れを知るために役立つツールのひとつが家計簿。家計の収支を管理するだけではなく、収支の記録を見直すことで、いつ、なににお金を使ったのかを確認できるのがメリットです。ざっくりとでも項目分けをすれば、出費の計画も立てやすくなります。大切なのは、記録をつけるだけで終わるのではなく、給料日前などに定期的に見直して反省すること。それにより、なににお金を使いすぎているのか、どこを削ればいいか、がみえてきます。つまり、日々の出費を記録することで、ムダを〝見える化〟して認識するのが家計簿の目的のひとつです。

毎日つけるのは面倒に感じるかもしれませんが、少し頑張って〝1日5分〟家計簿を開くことを心がけてください。シャワーの前でも寝る前でも、いつでもいいので習慣化しましょう。

家計簿のつけかたをレクチャー

記入サイクルは給料日から翌月の給料日前日まで

1日の出費のなかには、交通費や自動販売機などレシートが出ないものもあるので、覚えているその日のうちに書き出すことが肝心です。「そんなささいなことまで!?」と思われるかもしれませんが、こうした少額の記録忘れが使途不明金を生む原因になります。ただし、家計簿に完璧を求めるのは禁物です。「10円計算が合わない」「レシートがない」ということがあっても、気にせず大まかでOK。それが長続きの秘訣です。

家計簿の記入は、給料日から翌月の給料日前日までを1サイクルにします。その間、レシートや領収書は保管して、レシートが出ないものはその都度、手帳や携帯にメモしておきましょう。クレジットカードや電子マネーで支払ったものは、金額のところにクレジットカードは赤、電子マネーは青などと、色つきでアンダーラインを引いておくと計算するときに区別しやすくなります。項目の作り方や書き方のコツは、P162～163を参照しましょう。

家計簿をつけるために必要なもの6つ

4.通帳	1.家計簿
5.筆記用具	2.レシート
6.電卓	3.買ったものメモ

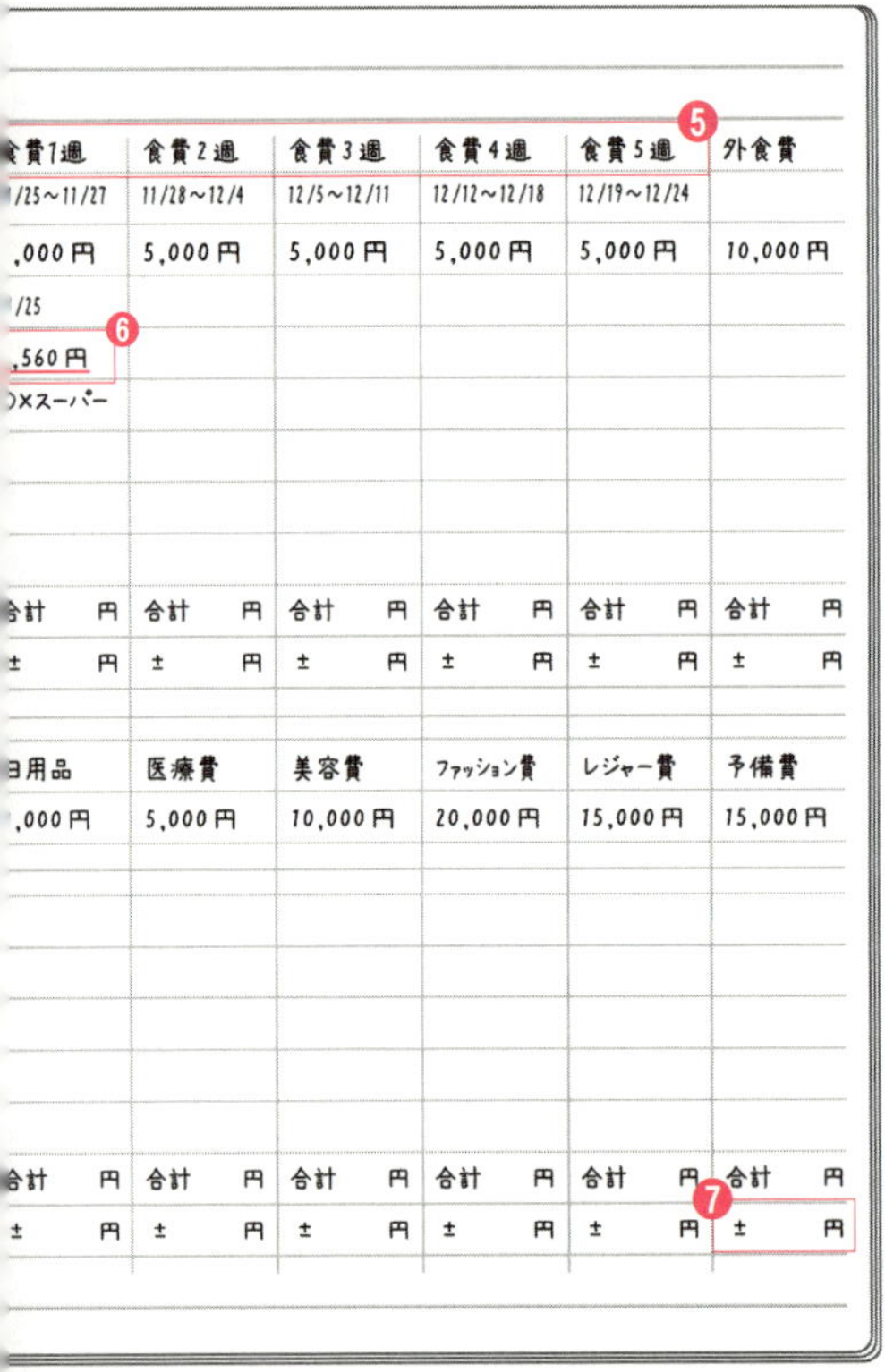

費1週	食費2週	食費3週	食費4週	食費5週	外食費
/25〜11/27	11/28〜12/4	12/5〜12/11	12/12〜12/18	12/19〜12/24	
,000円	5,000円	5,000円	5,000円	5,000円	10,000円
/25					
,560円					
×スーパー					
計 円	合計 円	合計 円	合計 円	合計 円	合計 円
± 円	± 円	± 円	± 円	± 円	± 円
用品	医療費	美容費	ファッション費	レジャー費	予備費
,000円	5,000円	10,000円	20,000円	15,000円	15,000円
計 円	合計 円	合計 円	合計 円	合計 円	合計 円
± 円	± 円	± 円	± 円	± 円	± 円

❺食費は1カ月5週に分けて管理

こまごまとした出費が多い食費は、1週間ごとに予算をわけて管理、記入すると、ひと目で週ごとの比較がしやすくなる。

❻現金以外の支払いには印

クレジットカードや電子マネーでの支払いは色ペンでアンダーラインを引いておくと、ひと目で把握できる。

❼予備費の余りは慶弔費用に

どんな用途にも使える予備費を使わなかった月は、慶弔費用や臨時出費用に積み立てておくこと。急な出費が発生したときにも安心！

100万円貯まる自作家計簿の作り方

**必要な項目などを自分流にカスタマイズできるのが自作家計簿のメリット。
そこで、手持ちのノートで今すぐにつけ始められる家計簿の作り方を紹介します。
サンプルにしたがって、項目と日付を書き込めば完成です。
シールを貼ったり感想やメモを残したりして、自分なりにマネー管理を楽しんで!**

❶予算は引き落とし口座へ

公共料金は、あらかじめおよその予算を引き落とし口座に入金しておく。払い忘れや使い込みの予防にも。

❷現金管理は生活費のみ

固定費や月々の貯蓄、公共料金などの支払いは引き落としに設定を。現金でやりくりするのは生活費のみにしておくと管理しやすい。

❸反省も大事!

出費が多かった月や節約できた月など、よくも悪くも1カ月のマネー管理の反省を書き込みましょう。反省点は次月に活かして。

❹カードを使ったら即入金

カードで支払ったら、引き落とし月の給料から支払うのではなく、使った月の生活費から引き落とし口座へすぐ入金する。

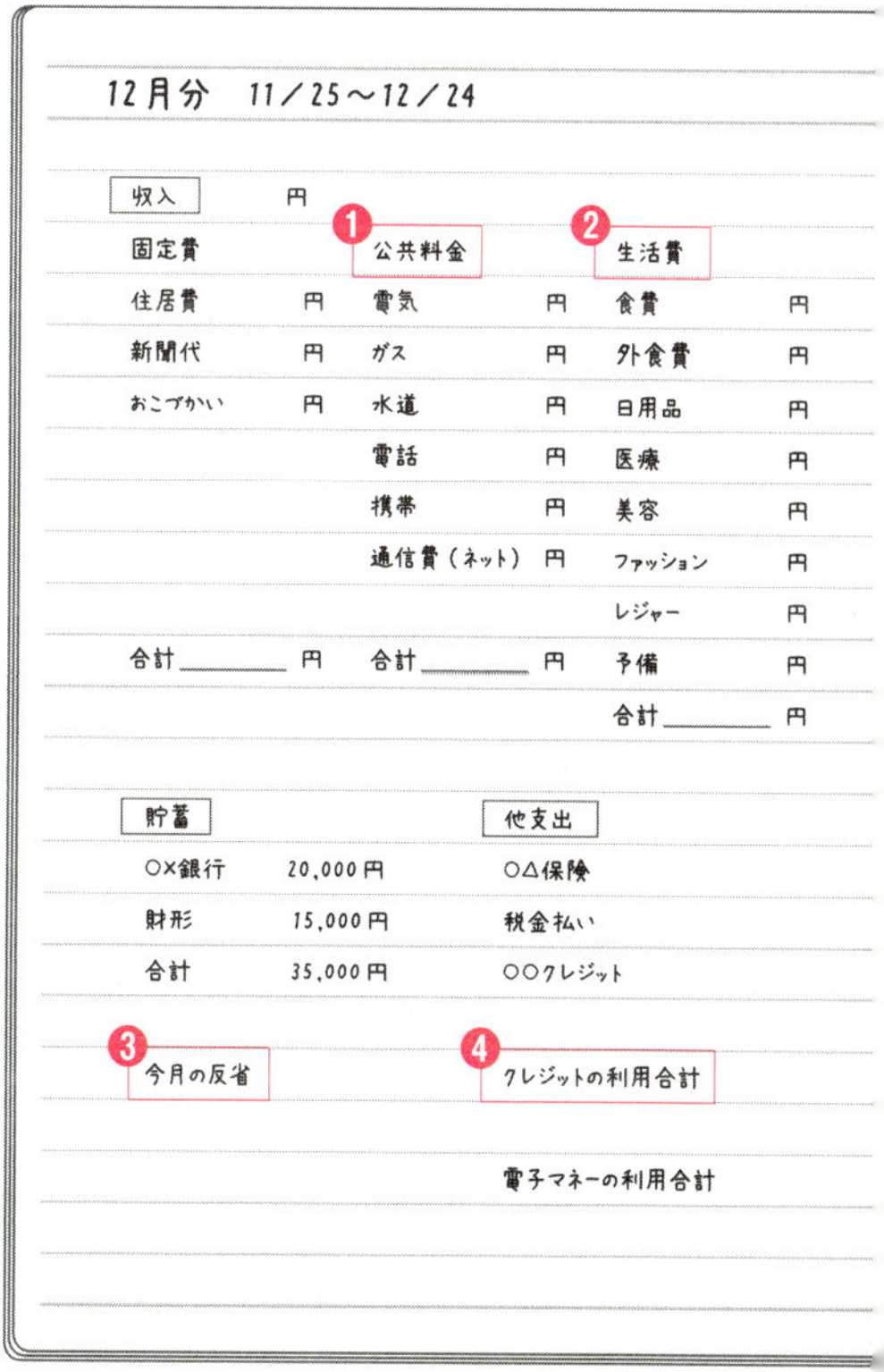

092

アプリで家計管理する

いつでもどこでも家計管理ができる！

お金の流れを知るためにも家計簿をつけることは欠かせませんが、ノートに記入するのがやっぱり面倒。そんな人は、スマホのアプリで家計簿をつけるのがおすすめです。これなら、通勤中やランチの合間など隙間時間をみつけてメモできるので、忙しい人にもうってつけ。

数多くの家計簿アプリが出回っていますが、無料で使いやすいものを選びたいもの。イチオシは、オンライン家計簿「Ｚａｉｍ」です。スマホのカメラでレシートを撮影するだけでレシートの詳細をアプリ内に記録してくれるという機能もある優れもの。これなら、手書きでノートに家計簿をつけるためにレシートをとっておかなければならない面倒がなくなります。さらに、このアプリには「金融機関連携」という機能も搭載されており、クレジットカードや電子マネーでの決済履歴を自動で更新してくれます。まさに月々の家計管理を行うにはもってこいのアプリです。

092

アプリで家計簿管理が向いているのはこんな人！

いつでもどこでもチェックできて、
機能も充実。アプリ家計簿でしっかり家計管理しよう。

①暇さえあればスマホをいじっている人

②スマホでスケジュール管理をしている人

③忙しくて自宅にいる時間が少ない人

おすすめのアプリはコレ！

Zaim

500万人が利用している国内最大級のオンライン家計簿。ひとつのアカウントでスマートフォンやパソコン、タブレットからアクセス可能。金融機関のウェブ明細と連動させて貯蓄の管理をすることもできます。

Lesson 3
お金の貯め方の基本

093

貯蓄と生活費の振り分け方

先取り貯蓄で、手堅く確実にお金を貯める

「貯蓄しているのになかなかお金が貯まらない」という人に多いのが、生活費が余ったら貯蓄に回すという貯め方。その方法では、出費の多い月は貯蓄に回す余裕がなくなってしまいます。本気でお金を貯めたいのなら、給与が入ると同時に強制的にお金を貯める仕組みを作りましょう。月々の貯蓄額を固定して、会社に制度があれば給与天引きの財形貯蓄か、銀行の自動積立でかならず先取り貯蓄を。普通預金口座ではなく積立用口座を作り、お金を貯めることも鉄則です。

毎月の理想的な貯蓄額は、住居費＋貯蓄で収入の40％が目安（貯蓄額の目安はP170〜174で詳しく解説）。貯蓄額の設定を高くしすぎると生活が苦しくなって続けられないので、手取り収入に合った貯蓄額を設定しましょう。

貯蓄と生活費の流れ

**毎月の給料をどのように振り分けるか、
下の図をみてお金の流れを確認しましょう!**

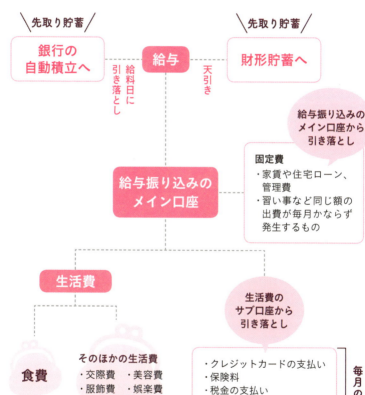

＼先取り貯蓄／
銀行の自動積立へ
（給料日に引き落とし）

給与

＼先取り貯蓄／
財形貯蓄へ
（天引き）

給与振り込みのメイン口座

給与振り込みのメイン口座から引き落とし

固定費
・家賃や住宅ローン、管理費
・習い事など同じ額の出費が毎月かならず発生するもの

生活費

食費

そのほかの生活費
・交際費　・美容費
・服飾費　・娯楽費
など

食費とそのほかの生活費は
別の財布に分けて管理するのがおすすめ

生活費のサブ口座から引き落とし

・クレジットカードの支払い
・保険料
・税金の支払い
・公共料金
・携帯電話の料金
・通信費など

毎月の支払い

現金で管理するのは生活費のみ！

複数の口座を使い分けてお金を管理

公共料金、携帯電話、クレジットカードなどの料金を現金で払っていると、支払うべきお金と現金で管理をする生活費などとお金が混ざって管理しにくくなります。家賃以外の支払い関係は、基本的に口座振替払いにしましょう。支払いのたびにATMなどで現金をおろしていると、ムダに手数料が発生したり、支払いを後回しにしがちになります。

また、銀行の口座を使い分けると、さらにお金の管理がしやすくなります。家賃などの固定費は給与が入るメイン口座から引き落とし、月々で金額が変動するそのほかの支払いはサブ口座から引き落とすようにして、固定費と変動費で口座を使い分けてみましょう。貯蓄と支払いを済ませて手元に残ったお金が、その月の生活費。つまり自由に使えるお金となります。買い物や食事の会計をカード払いにしたときは、すぐに使った分を引き落とし口座に入金することも忘れずに。まずはお金の流れを把握して貯蓄環境を整えることから始めましょう。

手元に残る現金はいくら?

**貯蓄と支払いを済ませて、残ったお金が生活費となります。
いくら残るか計算してみて!**

手取り収入 − **固定費** 毎月かならず出費のある固定費は、できるだけ金額を抑える。 − **毎月の貯蓄** 残ったお金を貯金するのではなく、給料天引きで先取り貯蓄を徹底! − **公共料金 保険料など** 公共料金は予算を別に。保険料や天引きされない税金の支払いなども計算して。

= **生活費** 食費以外の生活費は、封筒でさらに小分けするとより明確に。

ひとり暮らしの理想の予算

住居費と貯蓄で40％が理想的

1カ月の収入は把握していても、1カ月生活していくのになににいくら必要なのかを把握できていない人は、けっこう多いもの。家計簿をつけることで自分がどんなお金の使い方をしているのかを振り返ったら、次はバランスのよい予算の立て方を覚えましょう。

生活費の予算は手取り月収をもとに立てますが、そのときに大きなポイントとなるのが固定費。固定費とは、家賃や習い事など毎月定額を支払うお金のこと。とくに家賃は家計のなかでも金額が大きいので、家賃が収入に見合わないと、そのほかの費目にもしわ寄せがきてしまいます。ひとり暮らしの家賃は、手取り月収の3割以内に収めるのが鉄則。毎月の手取り月収が20万円なら、管理費込みで6万円台前半までが理想金額になります。家賃と月々の貯蓄を合わせて、手取り収入の40％に収めるのが目安です。また、貯蓄は生活費が余ったらするのではなく、先取りする習慣を身につけましょう。固定費が安く抑えられた分を、生活費に充てるのではなく貯蓄に回すことも忘れずに。

1カ月のお金の振り分けの目安は?

**収入と暮らし方に合わせて家計を組み立て!
各費目の目安を参考に算出してみて。**

※宝島社「steady.」読者アンケート調査より算出

ひとり暮らしの場合

手取り月収平均￥207,000で理想の金額を算出

内訳	理想の割合	理想の金額	読者平均
住居費	30%以下	¥62,100	¥61,000
貯蓄	10%以上	¥20,700	¥21,000
食費	11%	¥22,770	¥25,000
水・光熱費	8%	¥16,560	¥15,000
通信費	5%	¥10,350	¥10,000
服飾・美容費	11%	¥22,770	¥26,000
交際費	9%	¥18,630	¥20,000
趣味・娯楽費	5%	¥10,350	¥13,000
習い事費	3%	¥6,210	¥8,000
保険費	3%	¥6,210	¥8,000
予備費	5%	¥10,350	¥0
合計	100%	¥207,000	¥207,000

手取り収入の3割以下に収まっているので優秀。住居費と貯蓄を合わせて40%になるのが理想的なので、どちらもクリアできています!

歓送迎会が多い春先は交際費が増えたり、夏休みシーズンは旅費がかさんだりシーズンによって変動しやすいので、時期ごとに見直しを。

各費目の予算を立てても急な出費が発生することもよくあること。そんな臨時出費や生活費の補てん用に、予備費を設定しておくと安心!

096

実家暮らしの理想の予算

好条件を活かしてしっかり貯める！

実家暮らしの人であれば、家に入れるお金を固定費と考えて各費目の予算を組みましょう。ひとり暮らしに比べて固定費が安く抑えられる分、貯蓄は手取り月収の3〜5割を目安に。実家暮らしだと光熱費や食費があまりかからないのがメリットですが、じつはここが落とし穴。自由に使えるお金が多い分、各費目の予算が大ざっぱになりやすいのです。独身の実家暮らしは、一番自由にお金が使えるライフスタイルですが、逆にいえば一番お金が貯めやすいときでもあります。とくに食費は抑えやすい費目なので、左の理想の割合を参考に、予算を組んでみましょう。ひとり暮らしの人と比べて実家暮らしは金銭感覚が鈍くなりがちですが、理想の割合で暮らしていれば、実家を出た後や結婚後も賢く家計管理ができるはず。無理のない計画で、マネーライフを楽しみましょう。

1カ月のお金の振り分けの目安は?

**収入と暮らし方に合わせて家計を組み立て!
各費目の目安を参考に算出してみて。**

※宝島社「steady.」読者アンケート調査より算出

実家暮らしの場合

手取り月収平均￥156,000で理想の金額を算出

内訳	理想の割合	理想の金額	読者平均
住居費	15%	¥23,400	¥13,000
貯蓄	30%以上	¥46,800	¥30,000
食費	11%	¥17,160	¥20,000
水・光熱費	0%	¥0	¥0
通信費	5%	¥7,800	¥10,000
服飾・美容費	10%	¥15,600	¥17,000
交際費	9%	¥14,040	¥21,000
趣味・娯楽費	10%	¥15,600	¥12,000
習い事費	3%	¥4,680	¥7,000
保険費	3%	¥4,680	¥8,000
予備費	4%	¥6,240	¥18,000
合計	100%	¥156,000	¥156,000

住居費が少ないにもかかわらず貯蓄額が少ないのは×。実家暮らしの貯蓄目安は手取り収入の3〜5割なので、最低でも4万5000円は貯めること！

理想の割合よりオーバー。実家の食材を使ったお弁当を持参すればお金はかからないので、外食費を工夫して抑えてみては？

通信費はプランを見直したり家族割を利用するなど、改善の余地あり。ネットは家族共用で無線LAN接続をすれば、スマホのパケット代も節約できます。

手取り15万円でも最速1年で100万円貯める方法

夢の100万円が必ず叶うスピードプラン

手取り収入が少なくてもボーナスが出なくても、貯蓄ゼロの状態から最速1年で100万円貯めることは不可能ではありません。そこで、手取り収入15万円、ボーナス1回20万円（年2回）という設定で、100万円を貯めるマネープランを紹介します。

【実家暮らしでボーナスあり】月々の貯蓄額を5万円に設定し、ボーナス20万円を2回分全額貯めれば、1年で100万円貯められます。実家暮らしなら月3〜5割の貯蓄は基本なので、難易度はそう高くないはず。

【実家暮らしでボーナスなし】月々の貯蓄額を8万3500円に設定すれば1年間で100万2000円に。毎月の生活はやや厳しくなりますが、とにかくすぐに貯めたい人にはおすすめ。

【ひとり暮らしでボーナスあり】月々の貯蓄額を3万円に設定して18カ月、ボーナスは1回16万円を3回貯蓄に回せば1年半で102万円貯められます。

イレギュラーな出費への備え方

毎月少額の「臨時用積み立て」で補てんする

毎月きちんと予算を立てて家計を組んでも、その月によってイレギュラーな出費が発生することもあります。たとえば、結婚式に招待されたり、会社の歓送迎会が続いたりと、おつき合い上、交際費をケチるわけにはいかないこともあるはず。また、年末年始も年間イベントが多く臨時出費が重なる時期。いつもより出費が多いことが予想できる月は、ひと月前から臨時出費用の家計プランで生活しましょう。「週2回のお弁当持参を週4回にする」「洋服を買うのを今月だけ我慢する」など、食費、交際費、服飾費は比較的節約しやすく、今月だけと割り切れば難なくできるものです。

ただ、一番理想的なのは、毎月5000円でもいいので臨時出費用に積み立てておくこと。そうすれば、年間6万円も余裕ができます。また、予備費の残りも臨時出費用口座にストックしておくといいでしょう。

ご祝儀関連のお金の相場

結婚式のご祝儀は3万円、お葬式の香典は5000〜1万円

日本には、冠婚葬祭や暮らしのなかのお祝いやお返しなど、お金を贈り合う文化が根づいています。20代のうちは結婚式のご祝儀くらいなものですが、年齢を重ねていくとさまざまな場面で慶弔金《けいちょうきん》といわれるお祝いやお悔やみのお金を包むことになります。

まず代表的なお祝いのお金が、結婚祝い。一般的には縁起を重んじて2で割れない奇数がよしとされることから友人や会社の同僚は3万円が相場です。兄弟・姉妹の場合は10万円、甥や姪の場合は3万〜5万円など贈る相手との間柄で金額も異なります。

また、お葬式に参列する際の香典は、故人が親戚関係にある場合は1万円以上、それ以外は5000円ほど包むのが一般的。故人が親や兄弟・姉妹など近しい関係であるほど、多く包む傾向にあるようです。自分の年齢や地域によっても相場が異なることもあるので、左の表を目安に状況に合わせて金額を決めましょう。

お祝い、お悔やみなどのお金の相場一覧

**冠婚葬祭のお金の相場を紹介。
下の表を目安に年齢や状況に合わせて用意しましょう。**

結婚祝い

¥30,000〜

贈る相手が同僚や部下、いとこ、友人なら3万円、兄弟や姉妹なら10万円、甥や姪なら3万〜5万円。おつきあいの深さや社会的立場によって金額が異なります。2で割れない奇数が一般的ですが、2万円、20万円はよしとされています。

入学祝い

¥5,000〜¥30,000

兄弟・姉妹を含め親戚関係なら1万〜3万円、知人・友人は5000円が目安。小学校、中学校、高校、大学進学の際に贈ります。おつきあいの深さや社会的立場によって金額が異なります。

香典

¥5,000〜¥10,000

故人が親戚関係にある場合は1万円以上、それ以外は5000円ほど包むのが一般的。故人が親や兄弟など近しい関係であるほど、多く包む傾向に。

お年玉

¥1,000〜¥10,000

未就学児（3〜6歳）は1000円、小学校低学年は2000円、小学校高学年は3000円、中学生は5000円、高校生は1万円が目安。親戚同士で渡す金額を相談しておくと大きなズレがなく安心。

出産祝い

¥5,000〜¥10,000

親戚、友人、知人ともに5000〜1万円が目安。祖父母からのお祝いは5000円〜2万円程度とされています。相手が身内以外の場合は母子が退院し、お七夜が済んでから贈りましょう。

新築祝い

¥5,000〜¥10,000

兄弟・親戚は1万〜3万円、友人・職場関係は5000〜1万円が目安。マンションでも新築なら「新築祝い」ですが、中古住宅なら「引っ越し祝い」、企業の移転なら「移転祝い」と呼び分けます。

お見舞い金

¥3,000〜¥10,000

身内や親しい人が入院したときに持参するお見舞い金。親・兄弟・親戚は5000〜1万円、知人・友人は3000〜5000円、職場関係者は3000円を目安に。3日以内の短期入院は「退院祝い」でもOK。

お返し

頂いた金額の1／3〜半額

出産祝いは頂いた金額の3分の1程度の品物、香典は頂いた金額の半額（カタログギフトでもOK）、お見舞い金は頂いた金額の2分の1〜3分の1程度の金額もしくは同額の品物を目安に。

ボーナスの貯め方と使い方

ボーナスは7割貯めて3割自由に使う

ボーナス月は、いつもより多くお金がもらえるのでついお財布の紐が緩みがちになります。しかし、ボーナスは毎年必ずあるわけではなく、会社の業績によっては支給されないことも。それも考えて、ボーナスが出ても、なかったものとして生活するのが賢明！

とはいえ、全額貯蓄に回すのは厳しい場合は、まず貯める分を確保してから、残ったお金を好きに使えばいいのです。ボーナスは、7割以上は貯蓄に回すのが鉄則。残りの3割は自由に使ってよし。また、ボーナスは金額が下がったり出なかったりすることもあるため、それをアテにしたボーナス払いは絶対にしないこと。ボーナスを保険など年払いの資金に充てるのはいいですが、その場合は、翌年分からは月々の貯蓄から払えるように家計の中から貯めるように調整をしましょう。

ボーナスは貯蓄アップの近道。このチャンスにがっつり貯蓄額を増やしましょう！

Lesson 3
お金の貯め方の基本
101

お金は複数の口座で管理する

複数口座に分けてマネー環境を整える

お金を貯めようと努力しているのに、気がつくと口座からお金がほとんどなくなっている……。そんな人はもしかすると貯蓄をする環境が整っていないのかもしれません。

貯蓄をするうえで欠かせないものは、なんといっても銀行の預金口座。給与の振り込み用として、だれもがひとつは口座を持っているでしょう。しかし、それだけでは不十分。お金が貯まる仕組みを作るには、口座を複数使って個別にお金を管理するようにしましょう。

収入をメインとサブの口座に分ける話はP168でしました。毎月の給与が入るメイン口座は家賃などの固定費の引き落とし用、サブ口座は公共料金、クレジットカードや通信費などの生活費の引き落とし用です。サブ口座はATM利用が多くなるため、手数料無料の時間に行きやすい自宅や会社近くの銀行を利用して、手数料などのムダを少なくしたいものです。

Lesson 3
お金の貯め方の基本
102

貯蓄用口座を作って着実に貯める

「サブ口座」は3つ用意して目的別に使い分ける

お金を貯めたいなら、クレジットカードや通信費の引き落とし口座に加えて貯蓄用のサブ口座を2つ用意するべき。固定費や生活費とは別に貯めるお金を分けておき、この口座へ入れるようにします。貯蓄用のサブ口座に入れたお金のことは、よほどのことでもない限り手をつけないこと。気づけばまとまった金額が貯まっていることでしょう。

なぜ2つもサブ口座が必要なのか？　それは目的が違うからです。ひとつは、旅行や大きな買い物など、近い将来に使うことを想定しているお金を貯める口座。慶弔費などの臨時の出費も、この口座に貯めておくとよいでしょう。そして、もうひとつは結婚や老後などに備えて貯蓄するための口座です。こちらに入れたお金は絶対に手をつけないように。使うお金とそうでないお金を分けることが貯蓄への第一歩。そして、貯めるお金は少しでも有利な貯蓄商品を使って、確実に管理していくことをおすすめします。

上手に貯蓄が増える！ 銀行口座活用法

確実にお金を貯めながら、生活費を確保できるように、預金口座の使い方をおさらいしましょう。

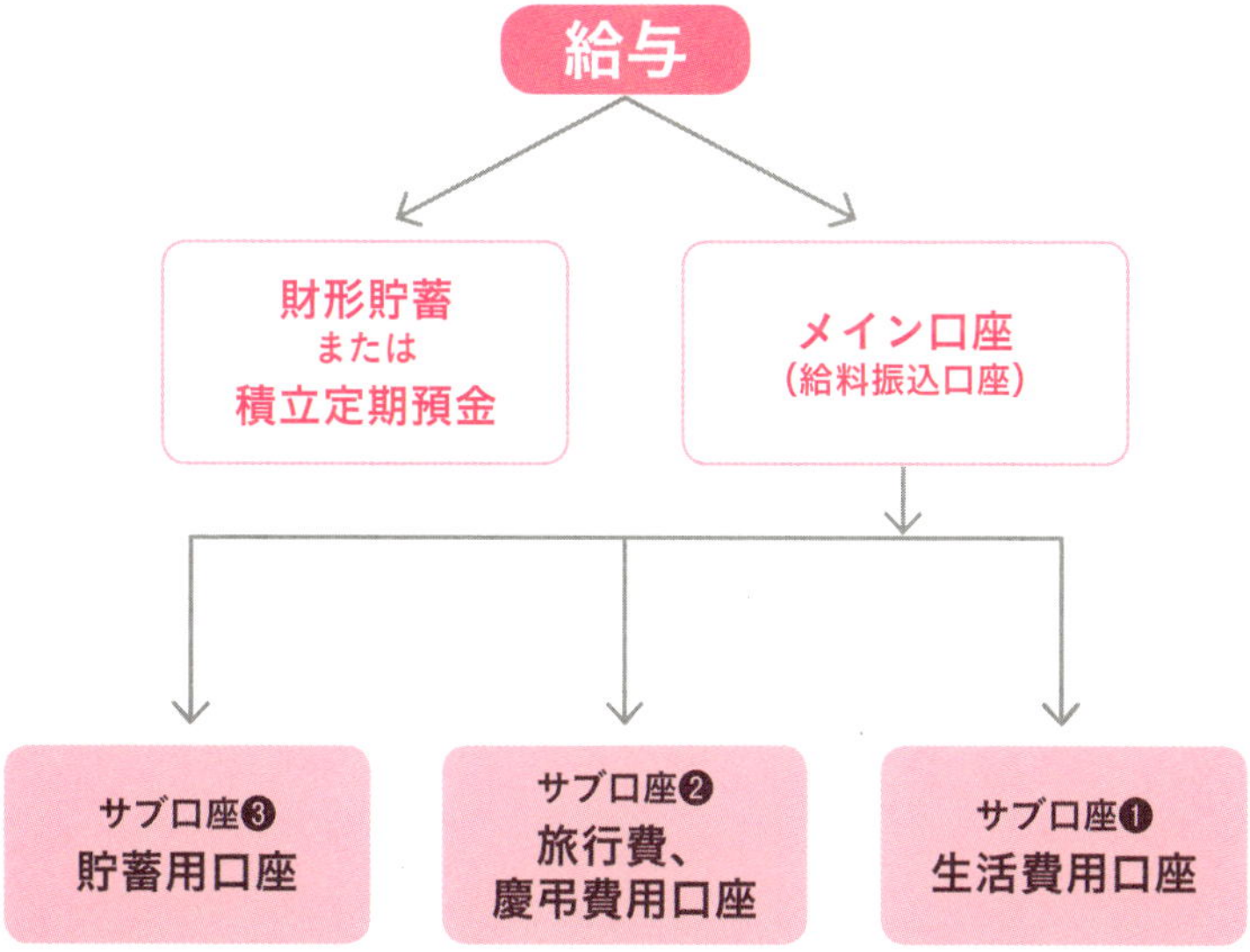

サブ口座❸ 貯蓄用口座
お金を増やす口座は、必ず生活費用口座と分けて管理を。インターネットで取引するネット銀行は、預金金利が高めで、振込手数料が安く、投資用の資金移動もラク。

サブ口座❷ 旅行費、慶弔費用口座
ある程度予測できる出費に備えて、前もって貯蓄しておくための口座。

サブ口座❶ 生活費用口座
クレジットカードなどの引き落としが可能で、ATMが利用しやすいことなどを条件に選んで。手数料などの優遇サービスが充実している三大メガバンクが便利。

銀行でよく目にする「金利」ってなに？

普通預金よりも定期預金。金利のいい口座を選んで

金利とは、利子・利息を計算するためのレートのことです。銀行にお金を預けて、一定期間を迎えると利息がつきます。利息は金融機関や預金口座の種類により異なるので、金利のいいものを選んでお金を預ければそれだけお得になります。

一般的な預金口座である「普通預金」は、ＡＴＭなどでいつでも引き出しが可能で、金利は変動します。メガバンクの金利は０・００１％程度で年2回利子が支払われます。

一方、「定期預金」は、1年、3年など期間を決めて預金する口座。原則として満期までは引き出せませんが、その分、普通預金よりも金利がやや高いのが特徴で、メガバンクの1年もので金利０・０１％程度です。ほかにも、ネット専業銀行や地銀のキャンペーン金利など比較的金利の高いものもあります。定期預金は最低預入れ期間があり、それより前に解約すると解約手数料がかかるので注意しましょう。

「マイナス金利」ってなに？

日銀が導入した景気刺激策

２０１６年1月27日に、日銀が導入した「マイナス金利」。このマイナス金利とは、一言でいえばお金を預けると利息を払わなければいけなくなること。日銀はいわば「銀行の銀行」。私たちが利用している市中銀行（みずほ、三井住友、三菱東京ＵＦＪなど）が日銀にお金を預けていて、それに対し日銀は市中銀行に利息を支払い、その一部が私たちの預金の利息になっていました。それが、マイナス金利導入によって、市中銀行が日銀に預ける際に、逆にお金を払わなければならなくなったのです。つまり、利息がゼロどころかマイナスになってしまったわけです。私たちの預金金利はマイナス金利にはなりませんが、現状は1年間10万円を預けていても1円しか利息がつかないような状況です。

マイナス金利は、私たちの生活に直接的な打撃はありませんが、住宅ローンの金利が下がり借りやすくなったことはメリットといえます。また、預金以外の金融商品に目を向けるなど、資産運用を考えるいいきっかけになるともいえるでしょう。

「単利」と「複利」の計算方法をチェック

複利のほうが利息も税金もお得！

金利には「単利」と「複利」があり、それぞれ計算方法が異なります。「単利」は、当初預けた「元本のみ」に利子がつくこと。「複利」は、「元本＋前回ついた利息」に利息がつきます。たとえば、「単利」は１００万円（元本）の金利が10％の場合、1年後には10万円の利息がつき１１０万円に。2年目も１００万円（元本）に10万円がついて預金額の合計が１２０万円になります。「複利」は、1年目は１１０万円。2年目になると１１０万円に10％の利息がつき１２１万円になります。つまり、「複利」のほうが最終的に受け取る金額が多くなります。運用期間が長期になるほど、複利の効果が発揮されます。

また、利息には約20％の税金がかかりますが、「複利」は満期のときだけに課税されます。これを「税の繰り延べ効果」といって、最終的に受け取る利息分が単利と比べると多くなります。定期預金は複利扱いが多いので、貯蓄用口座におすすめです。

利息はどうやって計算するの？

**金利には「単利」と「複利」があります。
同じ金額を預けたとき、どれだけ利息が変わるのか
シミュレーションしてみましょう。**

利息の
計算方法

利息＝元本×金利×1年

元本10万円、金利が10％の場合

10万円×10％×1年＝1万円

【単利の計算】元本×（1＋金利×年数）＝元利合計
【複利の計算】元本×（1＋金利）^{年数}＝元利合計

単利とは…元本のみに利息がつくこと。
複利とは…元本と利息を合わせた預金額に利息がつくこと。
※10％を計算式に入れる場合、10（％）÷100＝0.1になります。

〝使える〟サービス多し！ 地銀に注目

メガバンクより高金利の定期預金も存在！

全国展開のメガバンクでさえ地方には支店数が少ないもの。地方在住の人にとっては、地方に拠点を持ち、地域経済を支える地方銀行や第二地銀、信用金庫（総称して地銀と呼ばれることが多い）といった金融機関のほうが親しみがあるでしょう。じつはこれらの地銀が、結構〝使える〟ことをご存じでしょうか？

地銀は、地銀間の相互利用でＡＴＭの手数料が無料のところや、コンビニＡＴＭやセブン銀行などのＡＴＭが使えることが多くなってきています。そのため、その地方に住んでいなくても日常的な利用で不便を感じることはありませんが、手をつけないようにするためにあえて地銀に預けるという人もいます。また独自に「インターネット支店」を開設して、全国に利用者を増やしています。1年限定や預け入れの上限など利用条件はありますが、メガバンクよりも金利が高い定期預金が存在する地銀もあり、注目が高まっています。

金利上乗せも！ 地銀のユニークなサービスあれこれ

プロ野球やJリーグの優勝で金利をおまけ!?

地銀のサービスでもっとも一般的なのは、定期預金の金利上乗せサービス。キャンペーン期間中に新規で定期預金（1年定期など）を預けると、通常の金利におまけをつけた金利が適用されるのです。期間限定とはいっても、毎年のように実施されたり、プロ野球やJリーグのチーム優勝に合わせて実施されたりとチャンスは少なくありません。

ほかにも宝くじや地方の特産品がプレゼントされたり、定期預金＋メガバンクではないようなサービスをいろいろな地銀が提供しているので、気になる地域の地銀の情報をネットなどで調べるとよいでしょう。

興味のあるサービスや各種キャンペーン金利などに注目して、自分にとって魅力的な地銀をみつけるのも、お金を貯める楽しみになるでしょう。

高金利でお得? ネット銀行の特徴

手数料が安くて高金利。便利でお得なサービスが充実!

ネット銀行とは、店舗などをほとんど持たず、大部分のサービスをネット経由で提供するインターネット専業銀行のことです。それだけ聞くと、窓口のある店舗がないことを不安に思われる人もいるかもしれません。

しかし、ネット銀行にはコンビニなどのATMを無料で利用できたり、振り込みや入金、残高の確認がパソコンや携帯電話、スマートフォンでできたりと、利用する時間や場所を選ばないメリットがあります。また、多数の支店や行員を抱えるメガバンクなどと比べ、人件費や設備費などのコストを抑えた分、手数料を無料や低料金に設定。同じ理由で、預金金利も従来型の銀行よりも比較的高いので上手に使い分けましょう。

さらに、ネット銀行間の競争が激しいので、顧客獲得のために各銀行が競うようにキャンペーンを展開することも珍しくありません。より多く得をしたい場合は、口座の開設を考えているネット銀行の情報をこまめにチェックしましょう。

ネット銀行をサブバンクに利用する

デメリットはメガバンクで補い用途別に使い分ける

メリットだらけのように思えるネット銀行ですがデメリットもあります。通帳がないので紙ベースでの資産管理が難しく、公共料金や生命保険料などの自動引き落としに対応していない場合もあることなどが挙げられます。そこを把握したうえで、必要に応じてメガバンクと使い分ければさらに便利になるのです。

銀行の利用はＡＴＭを使った現金の引き出しのほか、給与の振り込み、公共料金やクレジットカードの引き落としなどが一般的です。駅前や街中などどこでも目にする身近なメガバンクは給与の振り込みや各種引き落とし、日々の生活のお金を入れておくメイン口座に。一方のネット銀行は、預金の利息がお得な利点を活かして、長期的にまとまったお金を預け入れる貯蓄用口座として利用するのがおすすめです。

Lesson 3
お金の貯め方の基本
110

ネット銀行はこんな人におすすめ

ネットオークションや投資の取引が便利でお得

24時間いつでもどこでも利用でき、お得なサービスも多いネット銀行。どんな人でも利用できますが、ライフスタイルやマネー環境によってはさらに使い勝手がよくなります。たとえば、ネットオークションの振込口座をネット銀行に設定すれば確認がスムーズなうえ、相手も同じネット銀行を利用していれば手数料が無料になります。また、外貨預金の手数料や金利もネット銀行のほうがお得なことが多いので、現在、外貨預金を利用している人や検討している人にもおすすめ。株取引したいときもリアルタイムに入金できます。

ネットオークションや投資取引を利用していない人でも、普段、銀行の営業時間内に窓口に行くことが難しい人や、頻繁にコンビニATMを利用して時間外手数料がかかってしまっている人などは、ネット銀行だと利用手数料が無料であることがほとんどです。マイナス金利時代だからこそ、ムダな手数料を払わない工夫も大切です。

ネット銀行は こんな人におすすめ

**以下の項目に該当するものが多い人は
ネット銀行の利用を検討してみては?**

- □ **ネットオークションをよく利用する**
  確認がスムーズ。相手も同じネット銀行なら振込手数料は無料
- □ **銀行窓口の営業時間に外出するのが難しい**
  昼休みが短かったり、職場近くに銀行がなくても自宅で振込可能
- □ **ATMの時間外手数料がかかっている**
  コンビニATMの利用手数料が無料のネット銀行がお得
- □ **外貨預金をしている。または考えている**
  海外の通貨で貯める外貨預金の手数料や金利もネット銀行がお得
- □ **1年以上使っていないお金が10万円以上ある**
  今後も使うつもりのないお金は定期預金にすれば金利がお得
- □ **株式などの投資を考えている**
  リアルタイムに入金されるので、株取引したいときに入金できる

お金の貯め方の基本
心得

一、お金の流れを知る

二、月々の貯蓄は
先取りが鉄則

三、銀行口座を複数
使い分ける

Lesson 4

節約の基本

ムダを省くには、毎日の生活で節約は必須。
どこにムダが潜んでいて、
どんな節約方法があるのか、
すぐに始められる節約のポイントを紹介します。

節約の始め方

節約＝ケチではない！

「節約」と聞くと、家計を切り詰めて我慢するイメージが強いかもしれません。しかし本来は、日々の生活費におけるムダを省き、浮いた分は貯めて、しかるべき出費に充てる、というのが節約の定義です。なるべくお金を使わない努力も大切ですが、出費を惜しんでチャンスを失ったり、他人に不快感を与えたりするのは、節約ではなくただのケチです。

節約を始めるにあたり、まずは自分の生活のどこにムダが潜んでいるか、しっかり洗い出すことが大切です。P158～159を参考にレシートをチェックしたり家計簿をつけたりして、使ったお金を記録・確認する習慣をつけましょう。自分の出費の傾向がわかれば、弱点＝ムダもみつかります。それがわかったら、節約するところとお金のかけどころを決めて、満足度の高い買い物を心がけましょう。

正しいお金の使い方とは、メリハリをつけて消費を楽しむことなのです。

それって本当に必要？ よく考えてから買い物するコツ

**欲しいもの別に判断基準を設けて、
ムダ買いをカット!**

メリハリをつけて買い物をするには、以下のレベル別に欲しいものを見極めること。レベル1は日常での買い物、レベル2〜4は洋服や雑貨など少し値が張るもの、レベル5〜7は靴やバッグ、家電や車などの購入の判断基準にしてください。高額商品になるほど、慎重に選んで長く愛着をもって使うようにしましょう。

Level 1　**日常生活に必要なものか？
それともムダなものか？**

Level 2　**どれだけの便利や効果が期待できるのか？**

Level 3　**家にあるもので代用できないのか？**

Level 4　**本当にこれがなければダメなのか？**

Level 5　**売り文句に惑わされていないか？**

Level 6　**1週間後も同じ気持ちか？**

Level 7　**長期にわたって使えるか？
メンテナンスや修理、保証期間はどうか？**

節約はダイエットと同じ

節約のコツは無理せず楽しむこと

節約はダイエットと同じで、無理をするとすぐに元に戻ってしまいます。小さな目標を立て、まずはできることからコツコツと実践しましょう。あれこれ我慢して節約ばかりにとらわれすぎると、衝動買いや外食でストレスを発散してしまうなど、お金の動きが努力と逆方向にいってしまう可能性もあります。

初めのうちは、毎日のコンビニ通いを減らすなど、少し意識を変えるだけでＯＫ。レジ横のお菓子をついつい買っていたのをやめるだけで、月換算するとランチ代くらい浮くこともあります。小さなことでも続けていけば、いかにムダ遣いをしていたかに気づくでしょう。収入が少なくても、生活を見直せば貯蓄用のお金を捻出できるはずです。

節約生活を長続きさせるコツ

目標をクリアしたら自分にご褒美をあげる

世の中にはたくさんの節約ワザがあふれていますが、それらはあくまでもヒントにすぎません。先ほど節約はダイエットと同じだと話しましたが、ダイエットにも自分に合う方法と合わない方法があるように、やみくもにだれかの真似をしても効率の悪い節約は時間や労力のムダになることがあります。まずは自分のムダに気づいて、それを直すために効果的な節約ワザを取り入れることが大切なのです。節約効果が表れれば、継続するためのモチベーションにもなり、次第にムダのない生活が習慣となるでしょう。

そして、目標をクリアしたら自分にご褒美をあげることも忘れずに。楽しみながら節約生活を続けることが、長続きさせるコツです。

食費節約のポイント

ドリンクとランチ代節約で月1万以上カットも可能

月の出費の大部分を占めるのが食費。毎日、出勤前にドリンクを購入し、お昼は同僚と外食ランチ、帰宅途中に買ったお総菜やコンビニごはん。そんな生活が習慣化していませんか？　食費の節約ポイントは、ドリンクやお菓子のちょこちょこ買いとランチ代の削減。ランチはお弁当や飲み物を持参して、食材の買い方を工夫すれば月1万円以上の節約も可能に。食費は生活費の中で、最も節約可能なジャンルでもあるのです。節約効果の高い節約術は次のとおり。

【MYボトルを持参してペットボトルを買わない】500mlのペットボトルを1日2本買うと260～300円の出費に。家からMYボトルを持参すれば、1年間で約6万7600円も節約可能（1回約260円節約×週5回）。

【ランチはお弁当持参】ランチは週2回だけ手作りのお弁当を持参すれば、1年間で約6万2400円も節約可能（1日約600円節約×週2回）。

※金額は年52週で計算

Lesson 4

節約の基本

115

外食費節約のポイント

回数を減らして出費とのバランスを取る

会社の飲み会や友人との女子会など、社会人になるとなにかと外食する機会が多いもの。つき合いだからとどの誘いにも乗っていませんか？　たとえば、気乗りしない誘いを断れば1回約3000～5000円の節約に。誘いを断りひとりで外食したとしても、3分の1程度の予算で済みます。また、毎日の夜ごはんをほぼ外食で済ます人と自炊している人とでは、月々にかかる外食費に大きく差が出ます。外食するなら満足度はキープしつつ少しの工夫で出費を抑える心がけを。節約効果の高い節約術は次のとおり。

【気乗りしないゴハンの誘いは断る】3回に1回は行く、などルールを決めて、お金を使うor使わないのメリハリをつけて。1年間で約3万6000円も節約可能（月1回の削減で約3000円節約）。

【飲み会は1次会まで】2次会、3次会とズルズル参加するのはお金も時間もムダ。1次会で切り上げれば、1年間で約3万円も節約可能（月1回の削減で約2500円節約）。

Lesson 4

節約の基本

116

水光熱費節約のポイント

「ぱなし」をやめてお財布にやさしいエコ生活を

1回あたりの使用料が目に見えないだけに、ムダに気づくのが難しい水光熱費。電気のつけっぱなしや水道の出しっぱなしなど、「ぱなし」をやめるだけでもグッと節約に。環境とお財布にやさしいエコ節約を心がけて。節約効果の高い節約術は次のとおり。

【契約アンペアを下げて節電意識もアップ】電気の基本料金を決めるのが契約アンペア。ひとり暮らしなら、20Aを目標に過ごしてみて。30Aから20Aに変更すれば1年間で約3370円も節約可能に（東京電力の場合）。

※地域や賃貸住宅の規約によって変更できないこともあります。

【冷蔵庫の設定温度は季節ごとに使い分ける】冷蔵庫の設定温度は「強」「中」「弱」に設定可能。冬場は「弱」に切り替えるなど、季節に合わせて調整を。1日約4・1円節約で1年間で約1497円も節約可能に。効果はご使用の冷蔵庫によって異なります。

Lesson 4
節約の基本
117

通信費節約のポイント

スマホの通信料を見直し！

格安スマホ＆格安ＳＩＭの登場で、これまで節約が難しかった通信費が節約可能な時代になりました。家族で見直せば効果も大きくなりますので、一度チェックしてみましょう。節約効果の高い節約術は次のとおり。

【大手キャリアをやめて格安ＳＩＭに変更】大手キャリアから格安ＳＩＭに変更すると、同じ５ＧＢで月額約３０００円の差が。１年間で約３万６０００円も節約可能に。

【有料サービスの見直しを】スマホの有料サービスや有料アプリ、パケット通信料を見直す。有料サービス、有料アプリ各３２４円、パケット５ＧＢプランから２ＧＢプランに変更した場合１５００円の節約になり、１年間で２万５７７６円の節約が可能に。

※通信会社や契約内容によって金額は異なります。

ファッション、美容費節約のポイント

ネットショッピングを活用して交通費も削減

買い物をお得に楽しむには、欲しいものを見極めてそれをできるだけ安くゲットする方法を探しましょう。同じ服を買うにしても、デパートではなくネットショッピングを利用すれば、ポイントが貯まるうえに交通費も節約できて一石二鳥。おしゃれも〝賢くお得に〟が鉄則です。衝動買いは控えて、割引サイトを使ったり、少し値が張っても長く着られる素材のいいものを選んだり、買い方に工夫を。節約効果の高い節約術は次のとおり。

【ネットのアウトレットショップを利用する】ネットのアウトレットショップでは定価の30〜70%オフが当たり前。定価1万円のワンピースを3000円で購入した場合、年3回の購入で2万1000円も節約可能に。

【毎月の美容院通いを3カ月に1度にする】信頼できる美容師に任せれば2〜3カ月後もメンテナンスなしでOK。毎月通わなければいけないようなら美容室の見直しを。1回1万2000円の美容代を年6回減らせば、1年間で7万2000円も節約可能に。

交際費節約のポイント

回数を減らしてサービスデーを狙う

恋人とデートや友人とお出かけ、会社の人とのつき合いは大切なコミュニケーション。我慢するのではなく、回数を減らす、サービスデーを利用するなどして出費を抑える工夫をして楽しみましょう。女子同士のお出かけならレディースプランを狙うのもひとつ。節約効果の高い節約術は次のとおり。

【レディースデーを見逃さない】映画やレストラン、ホテル、レジャー施設などで、レディースデーのサービスを行っているところは多数。女子同士で映画に行くなら月の初日や水曜日などの割引デーを狙ってお得に観賞を。月1回の映画観賞で1回約800円節約でき、年間約9600円も節約可能に。

【月に数回はおうちデートでまったり】月のうち何回かの週末は彼の家で過ごし、デート代を節約。外食ではなく自炊をして食材代もワリカンにすれば、お互い助かる！　月2回実践で1回約2500円節約でき、年間約6万円も節約可能に。

トラベル、習い事の節約ポイント

旅行は早割プラン、習い事は市民講座をお得に利用する

旅行は時期によって価格が大幅に変化します。料金が上がる繁忙期は数日ズラしたり、早割プランを利用したり、お得な方法を選んで。飛行機のチケットは早ければ早いほど割引率が高いので、帰省などあらかじめ利用が決まっているなら早めに予約を。通っていない習い事も見直して、やめたり切り替えたりしましょう。節約効果の高い節約術は次のとおり。

【飛行機チケットは早割予約で81%オフ】飛行機のチケット予約は、早いに越したことはありません。ＡＮＡ、ＪＡＬどちらも出発55日前からの予約で最大81%もオフになります。羽田～沖縄間の往復チケット1往復で約3万２０００円も節約可能に。

【市民講座は良心的な受講料でお得】自治体が主催する市民講座は、なんといっても良心的な受講料が魅力。教養、手作り教室、ヨガなどいろいろな講座があります。月会費1万円のヨガが半額になることも。月約５０００円の節約で、1年間約6万円も節約可能に。

まとめ買いして損するモノ、得するモノ

「まとめ買い」が逆に高くつくケースもある

日頃から消費の多い日用品や食材が安くなっていると、まとめ買いしたほうがお得な気になるもの。しかし、使いどころを見極めないと逆に高くついてしまうこともあります。しょうゆ、マヨネーズなどの調味料は、買いすぎると賞味期限までに使い切れないことがほとんどです。お菓子やビールなどの嗜好品も、あればついつい手が伸びてしまうので、普段よりも多く消費してしまうことも。まとめ買いの際は落ち着いてよく考えてからにしましょう。

まとめ買いしてOKなのはどんなもの?

安いからといってまとめ買いがお得とは限りません。日持ちするものや量があっても困らないものを選んで買いましょう。

NGなもの

たくさんあるとつい使用頻度が上がってしまうものや、使い切るのに時間がかかって品質が劣化するもの。

OKなもの

生活の必需品でたくさんあっても使用頻度に影響が出にくいもの。

Lesson 4

節約の基本

122

LCCのメリット・デメリット

料金だけで選ぶなら大手航空会社より超お得!

旅行が趣味という人も多いと思いますが、交通費、宿泊費、現地での飲食やお土産代など、なにかと出費がかさむものです。そのなかで交通費を抑えるなら、格安料金が魅力のLCC(ローコストキャリア)の利用がおすすめ。LCCは機内サービスを簡素にするなどコストを削減して、運賃を大手航空会社の2～8割ほど安く設定しています。国内ではANA系のピーチ・アビエーションが大阪(関空)を拠点に運航し、JALなどが出資するジェットスター・ジャパンが東京(成田)、大阪、札幌、福岡、沖縄間などで運航。アジア旅行なら、アジア路線に強いエアアジア・ジャパンの利用を検討してみては。また、LCCのなかには格安のホテルやツアーを扱っている航空会社もあります。

ただし、座席の間隔が狭い、預け荷物が有料、欠航時の保証がないなどのデメリットも。それを理解したうえで、安さを求めるか快適さやサービスを重視して選ぶか検討を!

LCCのメリット・デメリットを比較

安さが魅力的なLCCですが、
快適さや利用のしやすさはどうなのでしょうか?
LCCのおもなメリット・デメリットを比較してみましょう。

メリット

- とにかく運賃が安い!!
- 超破格の格安セールが時限的に開催される
- 燃油サーチャージ料なしや割安の場合も

デメリット

- 機内食、飲み物、毛布などのサービスが有料
- 預け荷物が有料であることが多い
- 欠航時の保証がない
- 遅延やフライトキャンセルが多い
- 座席間隔が狭い

通販サイトのお得活用術

アウトレットは「ウェブ」がお得！

交通費がかからず、自宅で気軽に利用できるネットショッピング。さまざまな通販サイトがあり、手に入らないものはないほど商品も充実しています。なかでもお得な品が充実しているのがアウトレットショップです。実店舗のアウトレットは郊外にあり、移動費もかかり、レジャー気分で散財しがち。その点、ネットなら交通費もかからず、さらに定価の30～70％オフが当たり前。メルマガ会員セールや送料無料キャンペーンなどのお得なイベントもあるので、お気に入りのサイトはこまめにチェックすると買い時を逃しません。

失敗しないネットショップの選び方

配送料
配送にかかる日数と配送料は事前にしっかりチェックを。配送料は「5000円以上無料」など、条件つきが多いのでその都度買わずにまとめてひとつのサイトで購入する工夫を!

品質管理
ネット上では実物を触ることができません。その点、実店舗があって実物を触ったことのあるブランドなら安心です。洋服などは特に素材感がわかりづらいので口コミも参考にしましょう。

返品システム
実物を見られないからこそ、万が一サイズが合わなかったり、色が思っていたのと大きく違ったり。そんな場合に返品可能かどうかも確認。自己都合返品は送料自己負担である店も多い。

PB商品のお得活用術

高品質なのに低価格！

大手メーカーと品質は変わらないのに、割安で購入できるPB（プライベートブランド）商品は家計を助けてくれる強い味方。PB商品とは、コンビニやスーパーが独自に開発した商品のこと。店側が消費者のリアルな声を聞きながら、その分野に秀でたメーカーに製造を依頼しています。大量受注・大量生産が実現するので、高品質なのに低価格での提供を可能にしています。お気に入りの商品が見つかれば、特売に走らなくても必要以上にストックしなくても大丈夫です。

注目のPB商品

西友

みなさまのお墨付き

コスパにこだわる全国の主婦を対象に、厳正な消費者チェックを実施。その結果、70%以上の人に支持された商品のみが商品化される。まさに"お墨付き"ばかりをラインナップ。

きほんのき

炭酸飲料73円、食器用洗剤71円（各税抜）など、消費者から低価格希望の声が多い、ベーシックな食品や消費量の多い日用品を展開する。

イトーヨーカドー

セブンプレミアム

数あるPB商品のなかでも、商品開発力とクオリティは抜群。「サラダチキン」や「金の食パン」、「セブンカフェ」などのヒット商品を次々に飛ばしている注目のブランド。

三大コンビニのお得活用術

冷凍食材やコーヒーのコスパ大

一見ムダの宝庫とも思えるコンビニですが、買う商品を厳選すればスーパーやホームセンターよりも節約できるものもあります。ここ近年はＰＢ商品が充実したおかげで、缶詰や調味料などコンビニで買ったほうがお得なものが増えてきました。野菜が高騰しているときは、カット野菜やＰＢ商品の冷凍食材を利用するのもおすすめです。また、コンビニのコーヒーは品質の良い豆を使用していて味わいもよし。１杯４００円近くするコーヒーショップに行くより、かなり手頃で満足度も高くコスパ◎です。

3大コンビニのお得情報

セブン - イレブン

PB商品の「セブンプレミアム」シリーズは、イトーヨーカドーなどのスーパーとほぼ同じ価格で販売されているため、いつ買っても損がありません。たった100円で本格的なコーヒーが飲めるセルフ式のセブンカフェも大人気。

ローソン

スイーツ系が充実していて、コンビニとは思えないクオリティの高さがウリ。生鮮コンビニ「ローソンストア100」とも提携して野菜を売っている店舗も。ひとり暮らしに最適なサイズの野菜が深夜でも108円で手に入るので便利。

ファミリーマート

毎日の買い物でTポイントが貯めやすく、おにぎりやパンなどがTカード会員で数十円割引になることも多い。無印良品シリーズを取り扱っているので、ハイクオリティな文房具やトラベルグッズも購入でき、Tポイントを利用すれば安く手に入れることも!

Lesson 4
節約の基本
126

三大100円ショップのお得活用術

消耗品や電池が狙い目！

安くて使えるアイテムが充実している100円ショップ。その手頃な値段についつい余計なものまで買ってしまいそうになりますが、冷静に比較するとドラッグストアに行けば100円以下で売っているものも。100円ショップに行ったら、100円だからこそお得なものを厳選したいものです。その代表的なものが、日用品や雑貨類。掃除用のドライシートや、綿棒、コットンなどの消耗品も狙い目。電池の買い置きを購入するのもおすすめです。

3大100円ショップの注目商品

Can★Do
お菓子、スパイス、乾物、茶葉などの食品類が豊富。大手メーカーの正規品が目玉商品として入荷されることも多いです。そのほか、インテリアアイテムの品数が多いのも魅力。

Seria
デザインがかわいい雑貨の品揃えが充実していて、特に食器類やキッチングッズはデザインも使い勝手も兼ねていて優秀。シンプルな白い器も多いのでトータルで揃えてもよし。

ダイソー
洗濯&掃除グッズなど水回り関連の商品が豊富。とくにおすすめなのは洗濯ネット。ホームセンターで数百円するものより高品質なこともあります。化粧品も口コミの評判が高い。

Lesson 4
節約の基本
127

家電製品をお得に買うコツ

新商品の発売1カ月前は値下げ交渉のチャンス

家電量販店でできるだけ安く買うためには、家電が安くなる時期を見極めることです。狙い目は、新製品の発売前。旧製品の在庫を売り切りたいので、価格が安くなると同時に比較的価格交渉がしやすくなります。ちなみに型落ちが安くなる時期は、4月から5月と9月から10月上旬。新モデルにこだわらないのであれば、欲しい家電はこの時期を狙えば安く購入できる可能性が高くなります。そのほか、雨の日や平日の昼間、日曜日の夜など店員さんが暇そうなタイミングを見計らって交渉するのも値下げを上手にお願いするコツです。

大抵の場合、最安値の商品が見つかるのは人件費や店舗維持費のかからないネットショップ。とはいえ、エアコン、テレビ、冷蔵庫、洗濯機などの家電リサイクル対象品は処分にもお金がかかるので、これらは家電量販店で購入して下取りサービスを利用するのがおすすめ。いろいろな工夫をして、欲しい商品をお得に手に入れましょう。

電化製品をお得に買うチェックポイント

3つのポイントを押さえて、狙った商品を安く手に入れましょう!

☑ 年2回の最安値時期を狙え!

ボーナス時期にあわせた6月と12月が新モデルの発売時期。その1カ月くらい前から現行モデルが値下げされるので、型落ちモデルを狙うのがおすすめ。型落ち直前のモデルは品質が安定した優良商品が多いのも特徴です。

☑ 価格.comのアラート活用で底値買い

急ぎの買い物ではない場合は「価格.com」のアラート機能で気長に買い時を待ちましょう。アラート機能は商品を登録しておくと、その商品の最安値が更新されたときや、欲しい価格に下がったときに知らせてくれる優れモノ。底値を見逃しません。

☑ 家電量販店のアウトレット店をチェック

家電量販店にもアウトレットショップがあります。型落ち商品や展示品などがお得な価格で購入できることから人気に火がつき、関東を中心に実店舗のアウトレット店も増加中。アウトレット商品を扱うネットショップもあります。アウトレット家電のおすすめは、洗濯機など店頭で商品を稼働させることが少ない展示品。商品の摩耗がないため、ほぼ新品同様で手に入れることができます。

Lesson 4

節約の基本

128

不用品は捨てずに売ってお金に換える！

フリマやオークションを活用してお小遣い稼ぎ

洋服や化粧品、雑貨など、部屋を見渡すと暮らしのなかで増えていったものや不要になったものが意外と見つかります。いつまでも溜め込んでおくのはスペースのムダですし、今必要な持ち物を把握するのはお得な生活にもつながります。一度、部屋やクローゼットにあるいらないものを整理して、売れるものは売ってしまいましょう。

不用品を売りたいときは、リサイクルショップやフリーマーケット、ネットオークションが代表的。最近ではフリマアプリやオークションアプリも充実しているので、自分が売りたいものを高く買ってくれそうなサービスを探してみては。

アプリは出品手数料が無料のものも多く、支払いの仲介に運営会社が入る場合もあるので安心です。

スマホで簡単！ おすすめアプリ

**女子に人気のフリマアプリを紹介。
気になるアプリを利用してみては？**

メルカリ

https://www.mercari.com/jp/

iPhone Android

1日の出品数が10万点を超える、1300万ダウンロードを突破した人気フリマアプリ。3分で出品できる手軽さと、クレジットカードやコンビニなど多彩な決済方法があり便利。出品者と落札者の間にメルカリが入るので安心安全な取引ができます。

フリル

https://fril.jp/

iPhone Android

女性のためのファッションアイテムを中心にした日本最大級の女性専用フリマアプリ。出品料無料なうえに、お金のやりとりはフリルが仲介。商品が届いたのを確認してから支払えるので安心して利用できるのもおすすめポイント。

ラクマ

https://rakuma.rakuten.co.jp/home/

iPhone Android

正式名称は「楽天フリマ」。その名のとおり楽天が運営するフリマアプリで、出品、販売、決済手数料無料で、支払いには楽天ポイントが使用できます。男女問わないカテゴリで楽天ユーザーにとってお得の多いアプリ。

Lesson 4
節約の基本
129

不用品を賢く売るコツ

高く買い取ってもらうには、売る時期、付属品も重要

家に眠っている不用品をリサイクルショップに持っていったけど、買い取ってもらえない。それでは意味がありません。少しでも高く買い取ってもらうには、売るときのコツが必要です。

夏なら扇風機や除湿機、冬ならヒーターや電気ストーブなど、シーズン限定で使うものはその直前からシーズン中にかけて需要が高まり、買取価格も上がります。これは洋服や靴なども同様です。また、高級ブランドのバッグやアクセサリーは、購入時に入っていた箱や布袋、ギャランティカード、腕時計なら調節のコマなどと一緒に出すと査定がアップします。ブランド物を購入したら付属品は捨てずに保管しておくと○。

地金に18金やプラチナなどが使われているアクセサリーは、その地金に価値があるので片方だけでも買い取ってくれます。デザインが古くてもう使わないようなものは手放したほうがお得です。

高く売るための3つのポイント

**少しでも高く売るために、
押さえておきたい3つのポイントをおさらい。**

Point 1

季節ものはシーズン前に出品

家電や洋服など、シーズンアイテムはその季節まっ盛りになる前に出品したほうが、需要が高く買取価格も上がりやすいです。同じ商品でも売るタイミングによっては買取価格にかなり差が出ることも!

Point 2

ブランド品は箱や布袋と一式で売る

高級ブランドの場合は特に、箱や布袋、ギャランティカードの有無で査定価格が変わります。売るときにはポケットなどのホコリを取って全体を軽く拭いておくと状態が良く見えます。

Point 3

貴金属は片方でも売れる

18金やプラチナを使っているアクセサリーは、デザインよりも素材である地金に価値があるのでピアス片方だけでも買い取ってくれます。使わないアクセサリーは手放して、売ったお金で新調するもよし!

**夏ものは6〜8月、
冬ものは10〜2月くらいまでが
高値で売れるタイミング!**

レンタルを上手に利用する

場所や維持費が必要なものは借りるのがお得！

たまにしか使わないもの、所有すると場所やお金がかかるものなどは、レンタルサービスを利用するのも手。最近ではＤＶＤもオンラインレンタルが広がり、店頭へ行かずとも好きな映画を手軽に楽しめるように。また、ＴＳＵＴＡＹＡやＧＥＯの一部店舗ではマンガの貸し出しサービスも展開しています。

また、たまにしか着ないのに出費が大きい、結婚式などにお呼ばれしたときのドレスやバッグもレンタルサービスを利用すれば、なにかとお金のかかる結婚式の出席費用を大幅にカットできます。そして、車が日常生活や仕事の必需品でなければ思い切って手放して乗るときだけレンタルや、カーシェアリングにすれば駐車場代やガソリン代、車の保険、車検代など大幅に維持経費を節約できます。レンタルしてみて、やっぱり生活に必要だと思ったものがあればそれから買っても遅くありません。

Lesson 4
節約の基本
131

どうやってレンタルするの？

ウェブ予約して受け取りは自宅や近所で

生活に便利なレンタルサービスのあれこれ。結婚式やパーティー向けのドレスを借りるなら、「パーティードレス」「レンタル」で検索するといろんなサイトが見つかります。たとえば「Ｃａｒｉｒｕ」なら、ＨＰから借りたいアイテムを選んで注文すれば、自宅・職場・式場にその商品が届きます。返却も宅配便でＯＫです。

車はあると便利ですが、駐車場代や車検費用など維持費にお金がかかるものです。たまにしか乗らない人は、「タイムズ24」のカーシェアリングもおすすめ。ウェブやアプリから予約ができ、15分単位で借りられるので近距離の買い物にも便利です。車のピックアップと返却は、近所のカーステーション（駐車場）に行けばＯＫです。

TPOに合わせてお得に！ おすすめレンタルサイト

Cariru

結婚パーティーや2次会向けのドレスや、ブランドバッグ、アクセサリーなどがお得に借りられるレンタルサイト。インターネットで申し込んだ商品が自宅・職場・式場に届くので手間いらず。
http://www.cariru.jp/

タイムズ カー プラス

時間貸駐車場の「タイムズ24」が提供するカーシェアリングサービス。ウェブやアプリから予約が可能で、店頭に行かなくても近所のカーステーションで車をピックアップできるのも便利。
https://plus.timescar.jp/

Lesson 4

節約の基本

132

節約だけじゃない！「替え活」のススメ

「替え活」で節約ストレスから解放！

ゆくゆくは消費税率が10％に増税され、さらに物価も上昇しているなか、日常生活で取り入れたいのが「替え活」です。

「替え活」とは、今まで買っていたものや使っていたものを、別のものに代替すること。「ユニクロ」などコスパのよいファストファッションを取り入れている人は多いと思いますが、これまで購入していた商品・サービスを見直し、同じ内容の別の商品を選ぶことで消費の質や量を落とさずに節約できます。

ほかにも、大手メーカーの家電や家具をジェネリック家電※やジェネリック家具※にしたり、消毒薬など大手メーカーと同じ効果のあるドラッグストアのＰＢ商品に代替したり、生活のさまざまなシーンで替え活を実践すれば節約効果大。これなら「買うのを我慢する」というストレスも溜まりません。

※大手メーカーの技術や特許を侵害しない形で作られている家具や家電のこと。

「替え活」はどのくらいお得？

今までの生活と質や量を落とさず節約できる「替え活」。どのくらい節約効果があるのか比較してみました。

替え活後 商品・サービス名	替え活後 価格		これまで 商品・サービス名	これまで 価格
格安スマホ	月額2000～4000円程度	← スマートフォン 月額約6000円ダウン！	大手キャリア	月額8000～1万円程度
セブン-イレブン ホットコーヒー ラージ	139円※1	← コーヒー 141円ダウン！	スターバックスコーヒー 本日のコーヒー ショート	280円※1
PB(プライベートブランド)のビール 350mℓ×6本入り	500円程度	← ビール 約900円ダウン！	大手メーカーのビール 350mℓ×6本入り	1400円程度
スカイプ英会話 週2回	月額 4000円程度	← マンツーマンの英会話 月額約4000円ダウン！	大手スクールの場合 週1回	月額 8000円程度
皇漢堂製薬のアダムA錠 60錠	399円※2	← 鎮痛剤 820円ダウン！	ライオンのバファリンA錠 80錠	1219円※2

※1　税抜き価格　※2　マツモトキヨシ オンラインショップで調査（税抜き価格）

133

電力自由化ってなに？

電気会社を選ぶことで、電気代が安くなる場合も

2016年4月から始まった「電力自由化」。これまでは電気は住んでいるエリアを管轄する電力会社、たとえば東京都に住んでいる人なら東京電力と契約をしていました。それが電力自由化で、ガス、電鉄、通信会社といった異業種も参入し、電気の契約をする会社を選べるようになりました。

電力自由化による最大のメリットは、選ぶ会社によっては電気代が安くなる可能性があること。しかし、条件をきちんと確認しないと今までより料金が高くなってしまう場合もあります。電力会社を変えても、停電や電気の供給が不安定になることはないのでご安心を。

電力会社を変更する際は、契約内容をよく理解したうえで契約をしましょう。事業者によっては明細書など紙で発行するものが有料になる場合もあるので、細かいコストにも注意して上手に選びましょう。

電力自由化のメリット・デメリット

**電気が自由に選べることが、
私たちにとってどんなメリットがあるのでしょうか？**

メリット

電気料金が安くなる

電力会社によっては、電気料金が安くなる可能性あり。「価格.com」など比較サイトで確認するとベター

ポイントが貯まる

毎月支払う電気料金で、Tポイントなどの共通ポイントを貯めることができる

付加サービスが受けられることもある

電気料金だけではなく、保守サービスや有料会員サービスが無料になるところも！

デメリット

安くならない場合もある

電力会社によっては安くなるどころか、契約会社によっては今より高くなることもありうる

契約年数の縛りがある電力会社もある

2年間は解約できず、契約途中で解約すると手数料が発生する場合も！

**ほかの契約と抱き合わせで
安くなると不自由が増える**

通信系や電鉄系の電力会社の場合、携帯を変えたり引っ越ししたりするとメリットがなくなることもある

結論！ シンプルでわかりやすいプランを選ぶのがおすすめ!!

電力自由化でどう選べばいいの？

比較サイトで料金をシミュレーションしよう

電力会社を選べるようになったとはいえ、なにを基準に選べばいいのかわからないもの。各企業それぞれ、毎月の電気料金の支払いでポイントがついたり、年間通して5000円もキャッシュバックがついたりと、お得なサービス合戦が繰り広げられています。電気代は毎月払うものなので、＋αのサービス内容も選ぶ基準に加えてみてもいいでしょう。ただし、事業者によっては電気料金がこれまでより高くなる場合や、加入したら2年間は解約できないなどの契約条件があり、契約途中で解約すると高額な手数料が発生する場合もあります。

失敗しないためにも、契約の前に一度「価格．ｃｏｍ」や「エネチェンジ」などの比較サイトで興味を持った事業者で料金比較のシミュレーションをして、金額に差異がないか確認しましょう。そして、ポイントや付加サービス、各種手数料等を加味して選ぶことをおすすめします。

電力自由化の疑問を解決

電気が停電したり、料金が高くなったりしない？

電気代が安くなるなら、別の電力会社に乗り換えてもいいかも。と思っても、実際の生活に支障はないか不安も残ります。そこで電気自由化についてよくある疑問を解決。

Q　マンションに住んでいても平気ですか？

A　賃貸の場合は大家さんや管理会社に確認を。大規模なマンションの場合は、すでに特定の電力会社と契約していて変更できないケースもあります。

Q　電気が止まったり電力が不安定にならないか心配

A　最終的には管轄の電力会社が送電するので、停電や電気の供給量は減りません。

Q　電気料金は今よりも高くなるの？

A　電力会社によっては今より高くなる場合もありますが、自由化によって価格弾力性が出ることも狙いの一つ。消費者保護のため、自由化後2020年4月までは東京電力などの従来のプランは据え置き価格で電気を使用できるようになっています。

格安SIM、格安スマホってなに？

合わせて使えばスマホ料金が半額!?

スマホにしてから通信費が高くなったと感じる人も多いのでは。そんな人におすすめしたいのが、「SIMフリー端末」に「格安SIM」を使って通信費をカットする方法です。大手キャリアの半額程度まで安くすることができます。SIMフリー端末とは、特定の通信業者しか使えないようにロックがかかっていない携帯電話やスマホ本体のことで、ひとつのキャリアに縛られることなく国内外問わず自分に合った通信事業者のSIMカードを選んで使用できます。そして格安SIMとは大手キャリアの回線を借り（主にNTTドコモ）、格安サービスを提供する仮想移動体通信事業者（MVNO）のSIMのこと。このSIMを使えば大手キャリアより料金を安くできます。

国内の大手キャリアは、携帯（スマホ）の端末に通話やメール、インターネット通信ができるSIMを入れて販売するのが一般的で、他社のSIMが使えないようにロックがかかっていました。しかし、海外で主流だったSIMフリー端末が日本でも普及し、それと同時に格安SIMを扱う通信事業者が増えてきました。

格安SIMの選び方

通信速度は業者によってバラつきあり

格安SIMは、基本的にパケット通信料が少ない人ほどお得。参入業者も多いので、口コミや比較サイトを参考にしてベストなところを選びましょう。格安SIMならデータプランだけなど自分に合ったプランを選べるのもうれしいところ。大手キャリアに多い2年縛りや解約手数料がほとんどないのも魅力です。

ただし、格安SIMは大手キャリアの回線を一定量借りているので、業者によって通信速度など使ってみないとわからない部分は口コミサイトを参考にしてもいいでしょう。通信速度が遅くなる理由は、通信回線の帯の太さが業者によって異なるため、利用する場所や時間帯によっては回線が混み合って通信速度が低下することがあるからです。

データ量が少ないプランの場合は、無線LANに接続したりデータ通信料のこまめなチェックが必要です。また、通話料は定額ではないので、LINEの通話機能を利用するなどして節約をしましょう。

格安スマホの選び方

信頼性と安定性、内容、＋αのサービスをチェック

格安スマホとは、パッケージ化して格安ＳＩＭとスマホを安い料金プランで販売しているものを指すのが一般的ですが、あらかじめ自分でＳＩＭフリー端末などを用意して、格安ＳＩＭを入れたものを格安スマホと呼ぶ場合もあります。

自分に合った格安スマホを選ぶには、まず会社の信頼性・安定性をチェック。格安スマホ会社はたくさんありますが、早くも撤退している会社もあります。また、料金とサービス内容のバランスが適正かという点も重要。月々のデータ容量や端末価格の比較、２年縛りなどの契約がないかどうかも確認しましょう。最近は格安スマホの料金も安定してきました。料金の安さだけでなく、キャッシュバックやポイント付加などのプラスαのサービスにも目を向けてみましょう。ここを重視して選べば、自分に合ったお得な格安スマホがきっとみつかります。

格安SIM、格安スマホの疑問

そもそもの意味は？ どこで買えるの？

格安SIMと格安スマホを使ってみたいけれど、使うのがちょっと不安。どこで買えるの？ 手続きは？ などの不安と疑問を解決します。

Q そもそも「SIM」ってなに？

A 携帯電話の個人情報を記録し、通信サービスや通話・メールを行うために必要なICカードのこと。

Q 格安SIMはどこで買えるの？

A 家電量販店なら店員に相談できて初心者向け。Amazonなどでも購入できますが、使用するスマホのSIMの規格（3種類ある）を確認してから購入しましょう。

Q 格安SIMが使えるスマホは？

A SIMフリー端末ならほぼすべて使用可。ほとんどの事業者はNTTドコモのネットワークを使っているので、ドコモの回線を使っている格安SIMをドコモの中古のスマホ端末に挿入するだけで、端末のSIMロック解除をしなくてもそのまま使用できます。

Lesson 4

節約の基本

140

ふるさと納税ってなに?

地方自治体を応援するために寄附するとお礼がもらえる

だれもが一度は聞いたことのあるはずの「ふるさと納税」。地方間格差や過疎などによる税収の減少に悩む自治体に対しての格差是正を推進するための新構想として、2008年、第1次安倍政権のときに創設された制度です。特定の地域へ寄附を行うことで、地方自治体を応援してもらう目的で始まりました。近年では、寄附した自治体からお礼として特産品がもらえる返礼品が注目されています。

「ふるさと」といっても生まれ故郷に限らず、全国各地のなかから自分の好きな自治体を選べます。なかには、寄附したお金の使い道を指定することができる自治体もあります。

さらに、寄附金はワンストップ特例(P234で詳しく解説)を受けるか、寄附金控除の確定申告を行えば、所得控除、個人住民税の税額控除が受けられます(上限あり)。

ふるさと納税のメリットは？

お礼の品がもらえて、確定申告で税金が控除される

ふるさと納税が注目されているのは、寄附した自治体からの返礼品をお取り寄せ感覚で選べるため。しかも、複数の自治体に寄附してもよいので、寄附する先が多いとその分たくさん特産品をもらえます。また、災害支援として直接被災地域に寄附ができることでも注目されています。

確定申告を行うと、寄附金額から2000円の自己負担額を除いた額が所得税や住民税から控除されます。たとえば4万円の寄附をした場合、所得税の還付または住民税からの控除額を合計すると3万8000円になる場合もあります。つまり、人によっては2000円でお礼の品がもらえるうえに、地方に貢献できるということに。

さらに2015年から制度改正され、寄附できる上限金額が約2倍に。自己負担額の2000円は今までと変わりませんが、その分、税金から控除できる金額が拡大しました。とはいえ、控除を受けるには所得がないとただのお取り寄せになってしまうので、必ず所得がある人の名前と名義のクレジットカードなどで決済しましょう。

Lesson 4
節約の基本
142

ふるさと納税っていくらまでできるの？

収入と家族構成によって異なるので注意

ふるさと納税の魅力は、なんといっても返礼品。それを目当てにいろんな自治体へ寄附するのもいいですが、ふるさと納税は控除限度額が設けられています。つまり、控除の上限を超えてしまうとただのお取り寄せになるので、上限を把握しておくことも大切です。控除の限度額の計算方法は、家族構成などで異なるので一概に言えませんが、下の表で目安を知っておきましょう。

ふるさと納税の控除額の目安

ふるさと納税を行う人の給与収入	300万円	400万円	500万円	600万円	700万円
独身または共働き	28000円	42000円	61000円	77000円	108000円
夫婦（配偶者控除あり）	19000円	33000円	49000円	69000円	86000円
夫婦と子（16歳以上19歳未満）	11000円	25000円	40000円	60000円	78000円

出典：総務省ふるさと納税ポータルサイト

※平成27年から拡充された控除額上限が反映されています。
※住宅ローン控除や医療費控除など、ほかの控除を受けていない給与所得者のケースとなります。年金収入のみの方や事業者の方、住宅ローン控除や医療費控除など、ほかの控除を受けている給与所得者の方の控除額上限は表とは異なりますのでご注意ください。
※社会保険料控除額について、給与収入の15%と仮定しています。

ふるさと納税の手続きの仕方

寄附したい自治体に申請して寄附金を支払う

ふるさと納税を行うには、ふるさと納税のポータルサイト「ふるさとチョイス」などを参考に、寄附したい自治体を選びます。決定したらその自治体へ申し込み、寄附金を払い込みます。ワンストップ特例（P234で詳しく解説）を受けるのであれば、申請書を送付してもらうなどして、寄附金税額控除に係る申告特例申請書を寄附先へ送りましょう。

寄附が完了したら、後日お礼の品と寄附金受領証明書が届きます。なお、ワンストップ特例を受けない人は確定申告をしないと税金が控除されないので、忘れずに申告してください。

また、ふるさと納税は夫婦で同じ地域に寄附をすることも可能です。ただし、一定の収入のない専業主婦の場合は、寄附金控除は適用されません。

ワンストップ特例制度ってなに？

制度を利用すると会社員の確定申告が不要に！

ふるさと納税は2015年から制度が改正され、寄附の上限額が約2倍になったことに加え、「ワンストップ特例制度」が創設されました。

この「ワンストップ特例制度」は、これまでは寄附をしたらすべての人が確定申告で寄附金控除の申請をする必要がありましたが、会社員のようにもともと確定申告が不要な給与所得者の場合は申告なしでも控除してもらえるようになったのです。会社員にとってはこれまで以上に、ふるさと納税が利用しやすくなりました。

ただし、この制度を利用するには、〝寄附する自治体は5つまで〟という条件つきなので注意が必要です。また、2016年からはマイナンバーの記入に加え、本人確認の書類が必要です。

確定申告の寄附金控除は所得税と住民税の控除ですが、ワンストップ特例制度は住民税の控除のみとなり、翌年度に住民税から控除されます。

ふるさと納税の流れ

ワンストップ特例を受けない人は確定申告を忘れずに！

ふるさと納税を申し込んでからお礼が届くまでの流れを確認しましょう。まず最初に、どこの地域に寄附をするか、全国の自治体から選びます。ワンストップ特例を受ける場合は、年間5自治体以内におさめましょう。次に寄附を申し込みます。申込み方法は、「ふるさとチョイス」などのポータルサイトを経由するか、自治体のHP上から申込書をダウンロードするほか、電話やメールなどでも可能です。申し込みを済ませたら寄附金を納めます。ワンストップ特例を受ける場合は、自治体のHPから申請書を自治体から送付してもらうか、ダウンロードして郵送します。

その後、お礼の品と寄附金受領証明書が届きます。お礼の品は各自治体や品によって時期が異なるので、「ふるさとチョイス」などのサイト内で確認しましょう。ワンストップ特例制度を受けない人は、ふるさと納税をした翌年に確定申告を行います。申告には「寄附金受領証明書」が必要になるので、失くさないように保管しておきましょう。

Lesson 4

節約の基本

146

ふるさと納税のお得な返礼品のみつけ方

2000円以上得する返礼品がいっぱい！

日本各地でいろんな返礼品を用意しているので、どの自治体へ寄附をしようか迷ってしまうほど。そんななかでもとくに人気が高いのが牛肉です。宮崎県西都市の「齋藤牛盛り合わせ焼肉セット」のように、ブランド牛の産地では高級牛肉のセットも用意されています。肉以外にも、海産物や地元産の野菜や果物もあります。食べ物以外では、ノートパソコンや電動アシスト自転車など、地元にある企業の製品を返礼品にしているところも。

生鮮食品ばかりを選んでしまうと消費が大変になるケースもあるので、複数の寄附をする際は返礼品のチョイスにも気をつけましょう。

人気の返礼品を紹介！

日本各地でさまざまな返礼品が用意されている。なかから、イチオシの3品をピックアップ。

島根県安来市

バーニャカウダ・セット

地元レストランのシェフが贈る、安来市の野菜を使ったバーニャカウダのセット。陶器のポットと固形燃料もついています（寄附額1万円〜）

山形県天童市

季節のフルーツ詰合せ

8月から12月の季節に合わせて、地元産のフルーツを数種類セットにしてお届け。収穫されたばかりの果物を味わえます（寄附額1万円〜）

鹿児島県南さつま市

天皇杯受賞団体の本マグロ3点セット

農林水産祭天皇杯受賞団体が育てた本マグロ300〜400gが、赤身約4割、中トロ約4割、大トロ約2割の割合でセットに（寄附額1万円〜）

節約の基本
心得

一、メリハリのある
出費を心掛ける

二、賢くお金を使って
得をする

三、替え活で生活レベルは
なるべく落とさない

Lesson5

お金の増やし方

お金がある程度貯まったら、
次は「増やす」ことにステップアップ。
初心者でも始められる「投資」と
「資産運用」についてイチから学びましょう。

投資ってなに？

お金が貯まったら「増やす」ことも視野に入れて

できることならだれでも、お金の苦労はしたくありません。ただし、そのためにはただ漠然と暮らしていてはダメ。お給料日前になると口座のお金がほぼなくなってしまう、なんて人は、まずはお金との向き合い方を考え直しましょう。

では、毎月生活できるだけのお金が確保できていればいいのでしょうか。それは違います。人生は長いですから、かならず大きなお金が必要になるときが何度か出てきます。

そこで大切なのが、「貯蓄」と「投資」です。「貯蓄」は着実に貯めていくこと。その代表が銀行などにお金を預ける預貯金で、使わなければ減ることはありません。

一方の「投資」は、冒険をしながら積極的に増やすこと。たとえば株式や外貨投資などです。「貯蓄」と「投資」の最大の違いは「元本が減るリスク」があるかないかということ。投資は元のお金が減ることもあれば、貯蓄の利息では得られない増え方をすることもあります。このリスクを取らなければ、リターンも望めないのです。

Lesson 5
お金の増やし方
148

貯蓄と投資は両方すべき？

「貯蓄」と「投資」2つのバランスが重要

リスクを分散しつつ、お金を増やしていくには、日常生活で必要なお金のほかに「貯蓄」と「投資」のどちらも必要。そこで気にしたいのが、「貯蓄」と「投資」のバランスです。どんなやり方でお金を増やせばいいかは、当然その人の性格やライフプラン、年齢や収入などさまざまな条件により変わってきます。ただし、現状で貯蓄がほぼなしという人なら、まずは貯蓄が最優先です。これまで着実にお金を貯めてきた人なら、投資の割合を増やしてみてもいいかもしれません。

投資の特徴

投資とは夢が膨らむがリスクもつきもの!?

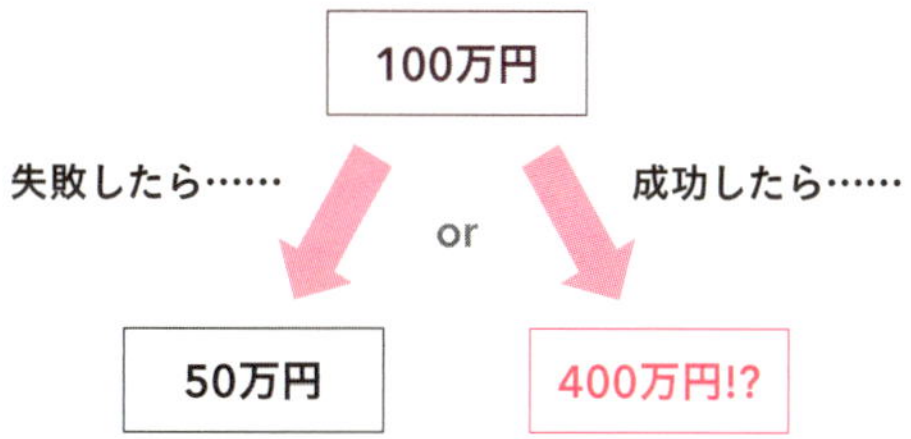

元のお金が半分以下になってしまうこともありますが、貯蓄の利息では得られない増え方をする場合もあるのが投資！

Lesson 5
お金の増やし方
149

投資をするにはどこでなにをすればいい？

はじめの一歩は、証券会社に口座を開くこと

株式や投資信託など「増やす」ための金融商品の多くは証券会社で取り扱っています。投資運用を始めるためには、まず証券会社で証券口座を開設しなくてはいけません。証券会社にも銀行のように、店舗窓口のある証券会社と、インターネット上で取引するネット証券があります。

店舗窓口のある証券会社で口座を開設すると担当者がつき、どんな商品で運用するのがベストかといったアドバイスがもらえます。対面または電話、ネットで売買注文をし、取引を行ってくれますが、手数料などが高いデメリットもあります。

投資金額や投資スタイルなどを考えて、自分に合った証券会社を選びましょう。

Lesson 5

お金の増やし方

150

証券会社はどう選べばいい？

手数料や投資ツールを基準に選んでみよう

まず最初に選ぶポイントの基準になるのが、手数料。投資の取引には手数料が発生します。手数料は、何回取引をしても定額のものと1回ごとに発生するものとがあります。投資初心者のうちは1回あたりの手数料が少額の証券会社を選んだほうがいいでしょう。

また、ネット証券ではパソコン画面上でより快適に的確な売買取引が行えるよう「投資ツール（トレードツール）」が提供されています。たとえば、売買のタイミングを決定するのに必要なリアルタイムの株価やニュースの表示、条件に合った銘柄を抽出してくれるスクリーニング機能、指値注文など細かな注文設定が行えてとても便利。こうした機能サービスも、証券会社選びの基準としてチェックしてみるとよいでしょう。

ネット証券のメリット

店舗を持たないぶん手数料が安い

ネット証券会社とは、オンライントレードを専業とする会社です。一番の魅力は、手数料に代表される取引コストの安さ。店舗を持たず、コストが抑えられた分を利用者に還元しています。また、豊富な情報や便利なツールにも注目。積極的にお金を「増やす」ためには、株価が上がりそうな銘柄を予想して投資するための情報ツールを充実させておくことで、だれでも簡単に情報が収集できるようにしています。

店舗型証券会社とネット証券のメリット・デメリット

従来の証券会社にもネット証券にもそれぞれのメリット・デメリットがあります。どんな特徴があるのかみておきましょう。

[店舗型証券会社]

メリット

・担当の営業社員が、どんな金融商品や銘柄がよいのかアドバイスしてくれる

デメリット

・手数料が高い
・口座管理手数料がかかる

[ネット証券]

メリット

・インターネットができる環境であれば取引可能
・手数料が安い

デメリット

・担当の営業社員がついてくれないので、自分で勉強をしなければならない

人気のネット証券

人気のネット証券の特徴とサービスをチェック！

いくつかあるネット証券のなかで、特に人気のネット証券の特徴を紹介します。

SBI証券は、ネット証券のなかで売買代金シェアNo.1の大手。取り扱う金融商品の多さと手数料の安さが魅力。現物取引の場合10万円までなら150円、50万円でも293円です（スタンダードプランの場合）。

カブドットコム証券は、三菱東京UFJグループの証券会社。株価に合わせて売買を自動で行ってくれるシステムは、時間指定注文など業界最多の9パターンが設定できます。売買単位が1株から買いつけできるプチ株取引にも対応してくれます。

マネックス証券は、現物の株式取引手数料が10万円までの投資額で108円と業界最安。リアルタイムで株価のランキングがわかるトレーディングツール「新マネックストレーダー」は、スマホやiPad版アプリと登録銘柄の共有が可能です。

楽天証券は、多くの投資家が愛用する分析ツール「マーケットスピード」が、最初の3カ月は無料。外貨MMFの商品が豊富で、手数料に応じて楽天ポイントも貯まります。

Lesson 5
お金の増やし方
153

「増やす」ためにはリスクは不可避！

元金が「減る」覚悟と同時に最小限のリスクを考える

「貯蓄」と「投資」の大きな違いは、元本が減るリスクがあるかないかです。お金を積極的に「増やす」ためには、利息が確定した預貯金ではなく、大きなリターンの可能性がある投資を検討してみましょう。「増やす」ための金融商品を買うこと（＝投資）は、程度の差はあってもすべてにおいて「減ることもある」というリスクも伴っています。

だからといって、預貯金のように元本保証の金融商品にもリスクがあります。それは増えないというリスクです。このように安全性が高いほど収益性は低く、リスクが高いほど収益性が期待できるものです。このことから、安全性が高く収益性も高い金融商品は今どきあり得ないのです。とはいえ、ひとつの商品に投資を集中させてしまうと、すべての資金を失うこともあり得ます。ただし、リスクを最小限に抑えることも可能です。そのための方法が「分散投資」なのです。

「分散投資」でリスクを減らす

いくつかの金融商品にお金を分散させる

分散投資とは、複数の金融商品に分けて投資をすることです。では、なぜ複数に投資するとリスクが分散できるのでしょうか。

分散投資を表すのによく使われる、「かごと卵」という有名なたとえ話があります。12個の卵をひとつのかごにすべて盛った場合、そのかごがひっくり返ってしまったら、すべての卵が割れてムダになってしまいます。しかし、3つのかごに4つずつ卵を分けて盛っていれば、かごがひとつひっくり返ったとしても、割れる卵は1かご分の4つで済みます。これが分散投資の基本的な考え方です。

投資の話に戻ると、卵＝投資するお金、かご＝金融商品ということになります。いくつかの金融商品にお金を分散させておけば、ひとつの商品が値下がりしても、ほかが上昇していればマイナス分が打ち消され、全体ではプラスになるという考え方です。

投資を始めるなら、リスクを最小限に抑えられる分散投資を実践してみましょう。

金融商品にはどんなものがあるの？

**ひとことで投資といっても、たくさんの投資対象があります。
リスクやリターンがどれくらいなのかを知ったうえで選んでみましょう。**

金融商品のリスクとリターン分布図

★のついている金融商品は
証券会社で取り扱っています

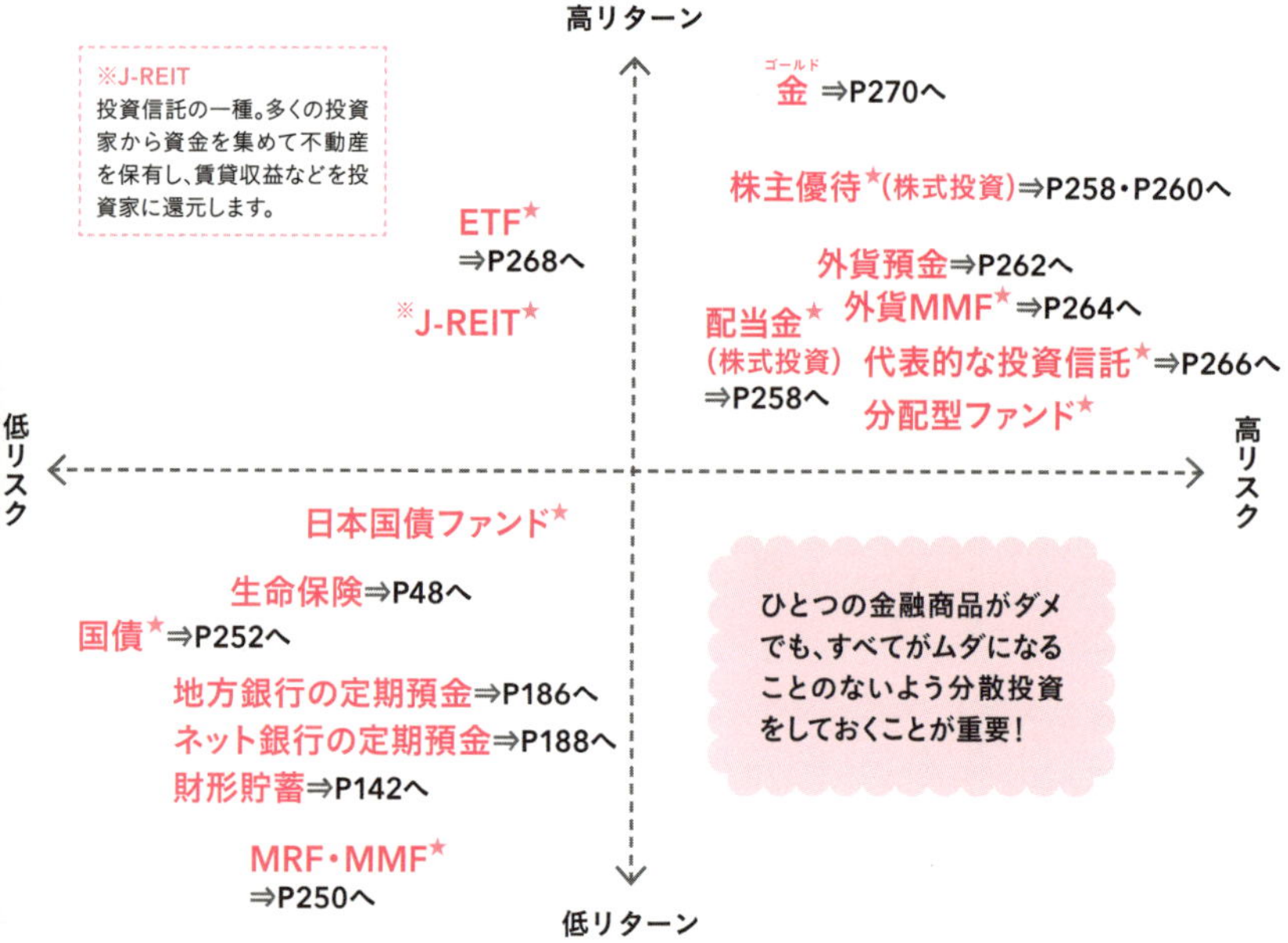

貯蓄と投資との割合

お金を増やすなら貯蓄と投資はバランスよく行うのがポイント。
では資金別にそのベストバランスをみてみましょう。

たとえば20万円貯まったら……
貯蓄に慣れてきたら、比較的安全な投資から始めてみましょう。

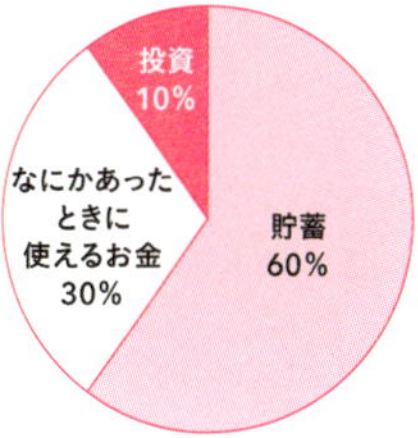

2万円くらいから始められる投資に挑戦！

たとえば100万円貯まったら……
あなたの全体の資産の3割は投資にまわしてみてもいいかも。

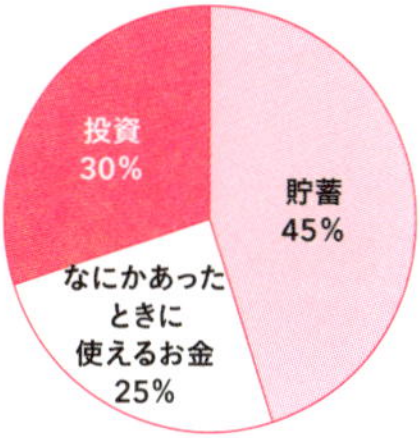

30万円を元手に本格投資で運用！

どんなふうに分散すればいい？

どれくらいのお金を投資するかによって分散の方法を工夫しましょう。
少額からできるものやリターンの高い商品など、
特徴の異なる商品を組み合わせるのがおすすめです。

運用資金別分散投資の例

運用資金80万円

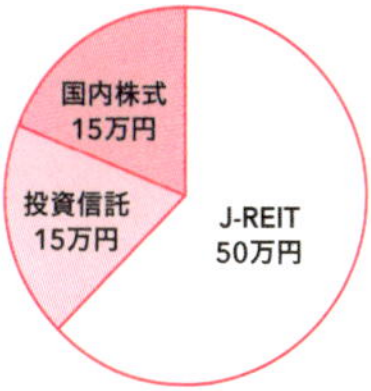

さらに本格的に増やすならば、確実に分配金がもらえるJ-REITなど、高リターンを狙える商品を中心に運用しましょう。

運用資金50万円

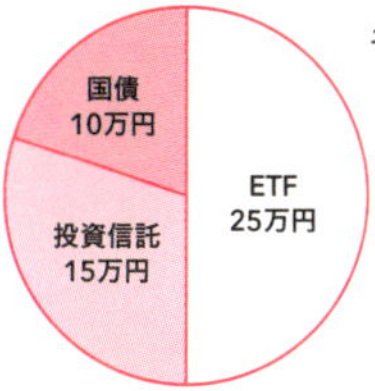

少し余裕ができたら、中リスク商品に挑戦！　とはいえ、確実に増やす国債などの金融商品で一部を保有して。

運用資金4万円

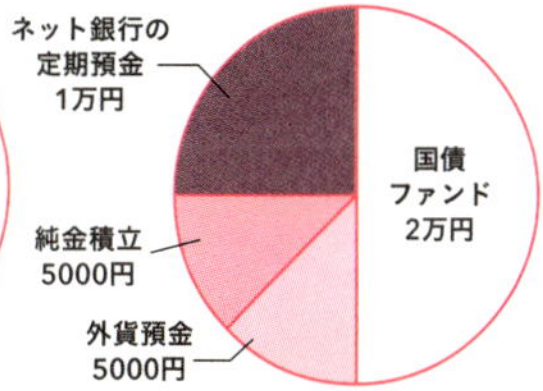

ネット銀行の定期預金など、比較的利回りの高い貯蓄商品と共に、少額から投資できる国債ファンドなどから始めると○。

Lesson 5
お金の増やし方
155

初心者が始めやすい「MRF」「MMF」

リスクが少ない安全な投資商品

MRFやMMFというと聞き慣れない人が多いかもしれませんが、どちらも投資信託の一種で、この2つは証券会社の口座に預ける銀行の普通預金のようなものです。

両者の違いは、MRFは公社債を、MMFはそのほかにCP※やCD※なども扱うということ。また、MRFはお金を出し入れするのが自由ですが、MMFは30日未満で解約してしまうと手数料として1万口あたり10円の信託財産留保額が発生してしまいます。

しかし、どちらも1円単位で入金が可能なうえ、信頼性が高い投資対象を短期で運用。そのため、「元本割れ」のリスクも少なく、安心して運用することができます。ただし、MMFはマイナス金利を受けて、申し込みを一時停止している証券会社もあるので注意してください。

MRF・MMFの仕組みは？

公社債や金融商品で運用するMRFとMMF。
投資信託の一種で元本は保証されていないが、極めて安全な投資商品といえます。

資金を投資

資金をまとめる

証券会社（販売会社） → 信託銀行（受託会社） ← 運用会社

再投資

- 信用度の高い公社債
- CP・CDなどの短期金融商品

証券口座が普通預金代わりに
MRF
安全性の高い債券を中心に運用。申込手数料や解約手数料が無料で、いつでも出金や投資が可能。

MRFより高い利回りが期待できる
MMF
1口1円以上、1円単位から預入可能（ネットでは1万円以上1万円単位）。預入後30日未満での解約には1万口あたり10円かかります。

投資対象が外貨だと
外貨MMF
円をドルやユーロなどの外貨に替えて運用。30日未満の解約でも手数料はかかりません。為替手数料も外貨預金の2分の1程度なのもメリット。

※「CP」と「CD」
「CP（＝コマーシャルペーパー）」は企業が短期資金調達のために発行する無担保の約束手形。企業の信用力により金利が決まります。また、「CD（＝譲渡性預金）」は預金者が市場で自由に他人へ譲渡できる預金。企業が決済用などに利用します。

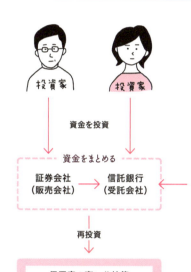

初心者が始めやすい「国債」

銀行預金より国債を買うほうが得になる

国債とは、国が発行する利子のついた債券です。国民からの税収だけで足りない分を、国債収入によりカバーしています。つまり国債とは「国の借金」。銀行預金も、銀行が国債を購入して金利を稼ぎ、その一部が私たちに支払われる利息になっています。どうせなら、その大元である国債を直接購入するほうが得になるわけです。

個人で買える国債は「個人向け国債」と「新窓販《しんまどはん》国債」です。「個人向け国債」には10年満期で半年ごとに金利が見直される「変動10年」と、5年、3年満期で販売時に金利が決まる「固定5年」「固定3年」の3種類。すべて1万円単位で購入可能で、半年ごとに利息がもらえ、満期になると元本が戻ってきます。

一方の「新窓販国債」は、10年、5年、2年満期の固定金利型。発行後でも売買できるので、短期での投資にも使えます。購入単位が5万円で、市場で取引されるため国債価格が下落するケースもあり、場合によっては購入価格以下になるデメリットもあります。

個人で購入できる国債はこの2つ！

**リスクが少なく、銀行よりも利回りのいい国債。
個人で買える2つの国債の特徴を比べてみよう。**

【個人向け国債の種類と特徴】

種類	固定3年	固定5年	変動10年
購入単位	1万円以上1万円単位		
金利タイプ	固定	固定	変動
満期	3年	5年	10年
利率	基準金利0.05%	基準金利0.05%	基準金利0.05%
途中で解約したくなったら=国が買い取り	発行から1年経過していれば可能		
解約手数料	直近2回分の利子（税引き前）相当額×約0.8		
利払い（利息をもらえる回数）	年2回（半年ごと）		
発行頻度	毎月		

個人向け国債ってどんなもの？

個人向け国債には満期と金利タイプの異なる3つの種類がある。さらに、最低金利が0.05%と保証されているので安心。発行の1カ月前から募集が行われる

【新窓販国債の種類と特徴】

種類	固定2年	固定5年	固定10年
購入単位	5万円以上5万円単位		
金利タイプ	固定（発行ごとに市場実勢に基づいて財務省が決定する）		
満期	2年	5年	10年
直近の応募者利率	―	―	―
途中で解約したくなったら	国は買い取ってくれない 購入した金融機関を通して売却可能（市場で売却することになるので、そのときの金利によって売却損/益が発生する）		
利払い（利息をもらえる回数）	年2回（半年ごと）		
発行頻度	毎月		

※各利率は税引き前、2016年6月17日現在

新窓販国債ってどんなもの？

個人向け国債以外で個人が購入できる国債。満期が2年、5年、10年の固定金利タイプで、毎月発行され、市場で売買することも可能。ただし、購入後に金利が上昇すると売却損が発生する可能性がある。また、募集を行わないときもあるので注意

初心者が始めやすい「株式投資」

「高くなったら売る」は、理想的だが実は危険な投資法!?

証券会社といえば「株」を連想するように、株式は投資運用の代表格です。簡単にいえば、会社が事業を続けたり拡大したりするのに、必要な資金を集めるために発行するのが株式。その株を売り買いするのが株式市場（東京やニューヨークの証券取引所など）です。業績アップなどで会社の価値や評価が上がれば株価も上がり、その逆なら下がります。

株式投資は、一般に特定の会社の株を買い、値段が買ったときよりも上がったところで売って儲けを得ることが基本的な運用方法です。しかし、この方法は経済の動きを読む必要があるため少し難しいでしょう。初心者の場合はインカムゲイン（P257で解説）を狙うと、リスクを減らしながらお金を増やすことも不可能ではありません。

株式投資ってどんな仕組み？

「株式」の売買は証券取引所で行われます。
そして私たちが実際に株を売買しようと思ったら証券会社を介する必要があります。
そんな株式投資の仕組みを知っておきましょう。

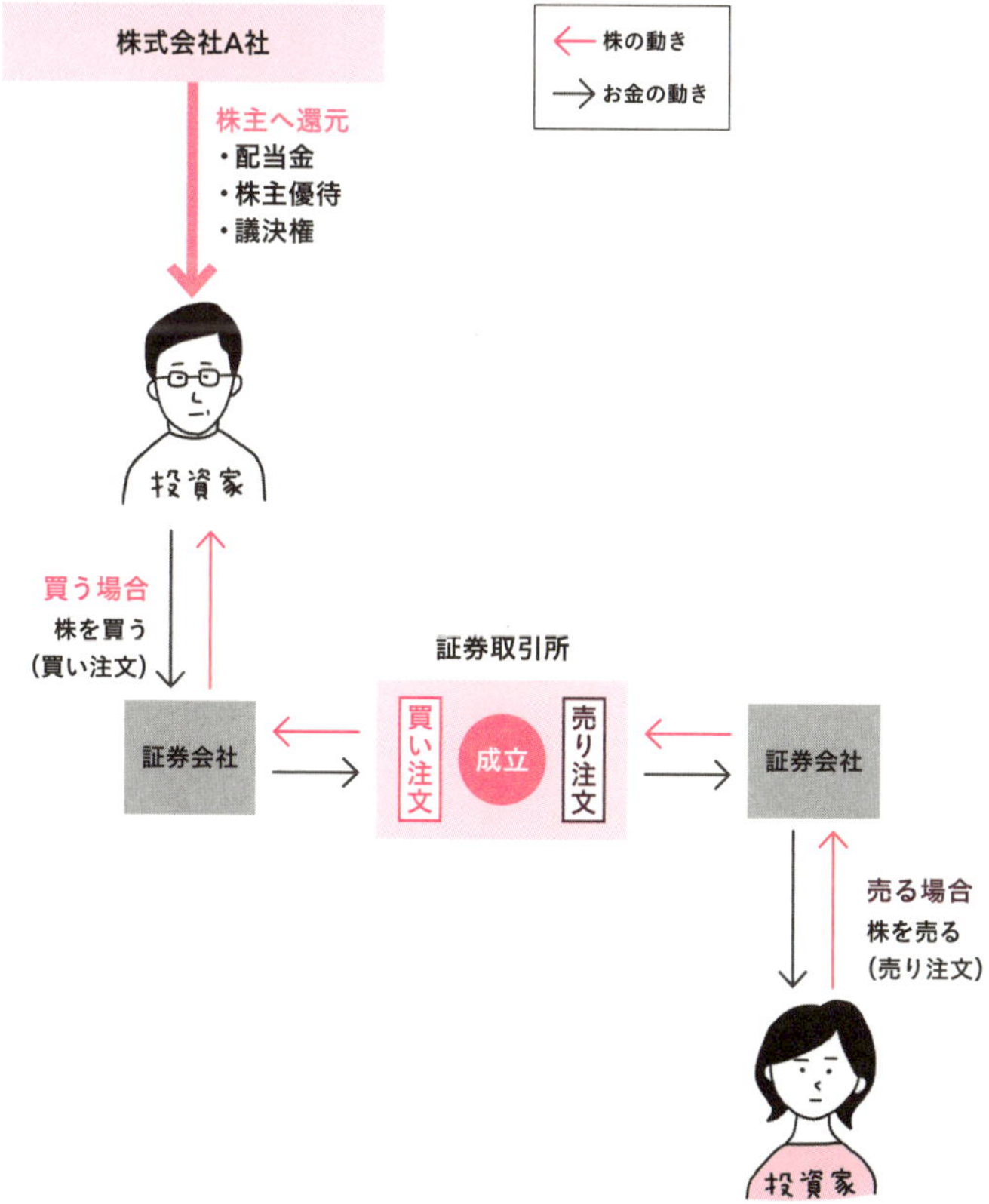

株式投資で利益を得るには？

お得に儲けるなら保有し続けて株価の上昇を待つ！

株式投資で利益を得る方法のひとつが、株を売ったときの差額で儲ける方法（キャピタルゲイン）です。しかし、購入した株が値上がりするかは、その会社の業績、景気、世界経済の動きを読まなければいけないため、簡単ではありません。

そこで初めて株式投資する人におすすめなのが、会社の利益を株主に還元（インカムゲイン）することに注目すること。この方法は、株を保有していれば利子のようにお金がもらえます。

また、その会社の商品や優待券が株主へ提供される株主優待制度も。お気に入りの企業の株式を保有すれば、配当金と株主優待でお得感があるだけでなく、株価が上がれば売って利益もでます。

キャピタルゲインとインカムゲイン

株式投資をするうえで覚えておきたい
初心者向けの儲ける方法を解説します。

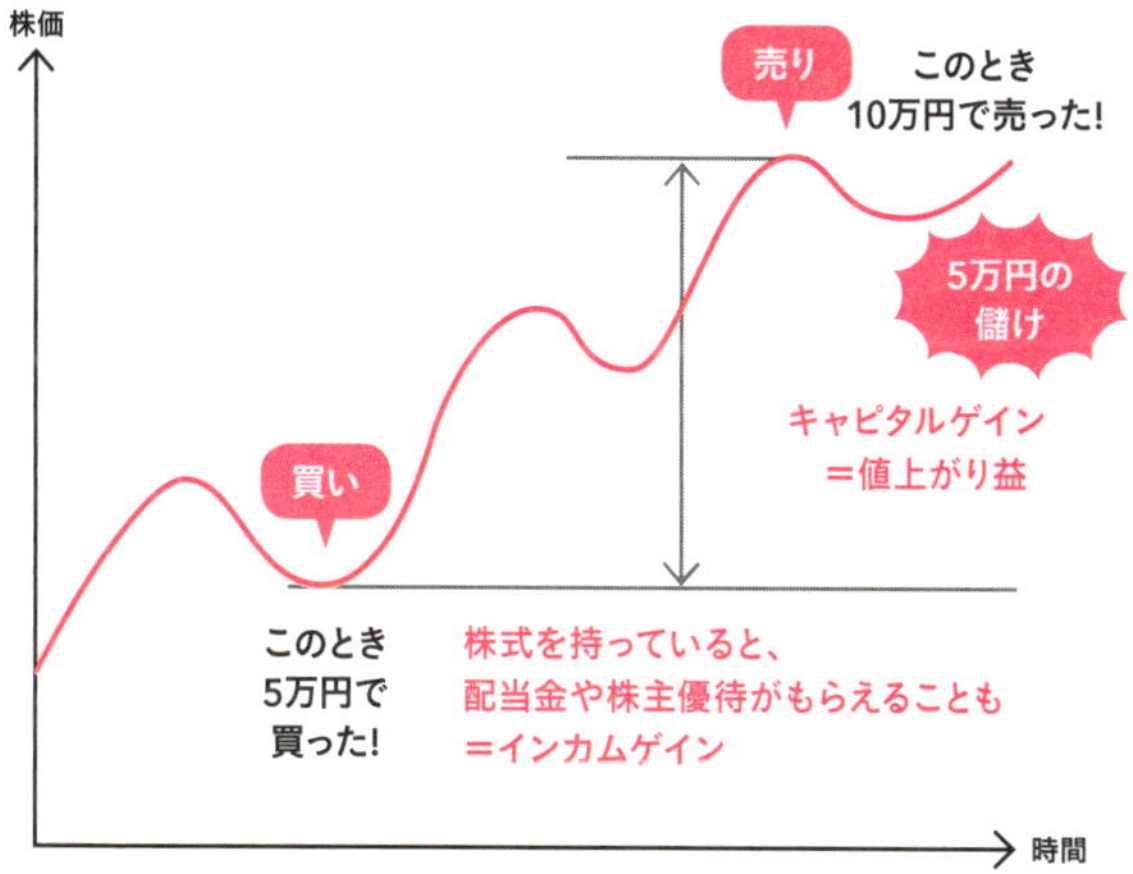

インカムゲインとは

会社が利益を出したとき、株主にお礼の意味で利益を還元する配当のこと（配当金、株主優待）。

初心者には
こっちがおすすめ！

キャピタルゲインとは

株の値上がり益で利益を出す方法。株を買ったときの価格と売ったときの価格の差で儲けること。

よく聞く「配当金」と「株主優待」ってなに？

配当金と株主優待で利回り10％以上のものも！

会社が稼いだ利益を株主に還元するのが配当金。これに注目して投資する会社を選ぶと、定期的な収入が期待できます。

東証1部に上場する日本の代表的な会社の平均的配当利回りは2％弱。これはなんと、銀行の1年定期の1000倍にもなります。しかも会社によっては、配当金の利回りが3～4％台というところも少なくありません。

そして、よりお得感を味わいたいなら「隠れた配当」といわれる株主優待制度に注目です。株主優待制度とは、企業の知名度アップや安定株主確保のために、自社商品や食品、外食、旅行、買い物などの割引券や優待券を、株主に提供すること。優待は権利確定日にその会社の株を持っている人が、通常は1年に2回もらえます。お気に入りの企業を応援するつもりで、中・長期保有できるものを選ぶといいでしょう。

株主優待はいつもらえるの？

**株主になったら「権利確定日」を
忘れずに確認しましょう。**

【株主優待の権利が決まる権利確定日】

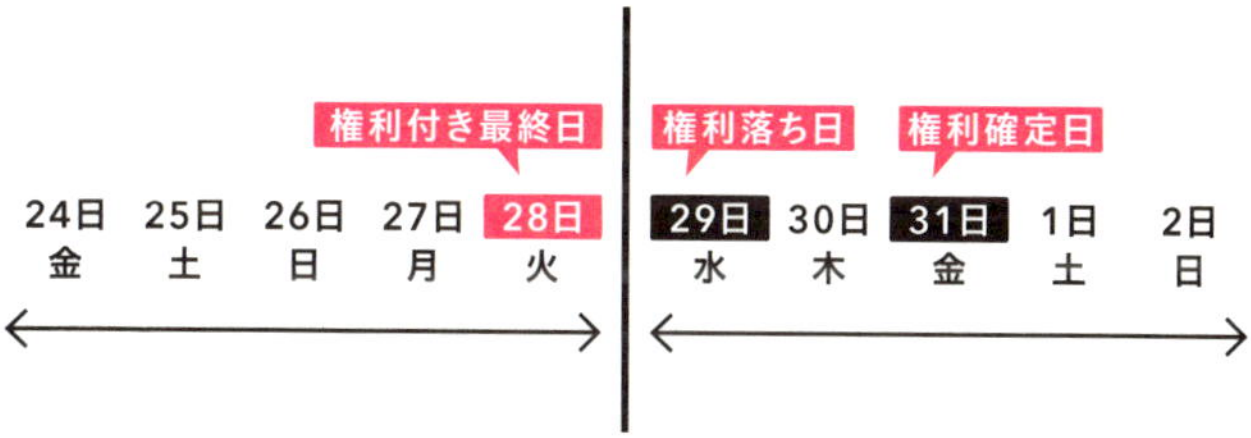

株主優待がもらえるかもらえないかは「権利確定日」に決まります。ただし、その日に株を買ったのでは遅く、3日営業日以前に株を買う必要があります。この日を「権利付き最終日」といいます。株主優待狙いなら、権利確定日に合わせて株を買うのもひとつの手。ただし、実際に優待品が手元に届く時期は会社によって異なります。

POINT1

株主優待では、その会社の商品などをもらうことができる

POINT2

配当金と株主優待を合わせると利回り10%以上のものも！

株主優待ってどんなものがあるの？

化粧品や航空券50％割引まで。魅力いっぱいの株主優待

配当金がもらえて、さらに株主優待まで得られる株式投資。株主優待はもらえる楽しさがあり、これ目当てで株式投資をしている人も多いほどです。企業の特色が出ている特典が多く、企業の数だけ種類が異なるのでもらってうれしいもの、役に立つもの、得するものなどを選ぶといいでしょう。

女性に人気なのが化粧品会社の株主優待で、ファンケルでは3000円相当の基礎化粧品やサプリメントがもらえます。また旅行好きの人たちに人気なのが、航空会社の株主優待で、国内線の片道1区間が50％割引に。ほかにも、飲食系企業なら食事券や割引券、アミューズメントスポットなら1日パスポート券などさまざま。各証券会社のサイトでも、「株主優待検索」で株主優待のある企業や株主優待の内容を確認できるので、どんなものが提供されているのかチェックしてみるといいでしょう。

株主優待の内容をチェック

有名企業の株主優待内容を確認。入金額なども参考にしてください。

表の見方

ジャンル

市場・銘柄コード（権利確定日） **企業名**	
株価	売買単位
最低入金額	配当＋優待利回り（予想）
優待内容	

ジャンル別 株主優待内容の比較

食品系

東証1部・2811（12月末日／6月末日） **カゴメ**	
2666円	100株
26万6600円	0.75%
100株以上で1000円、1000株以上で3000円相当の自社製品詰め合わせ。野菜ジュースやトマト鍋スープなど	

生活雑貨・日用品系

東証1部・4921（3月末日） **ファンケル**	
1416円	100株
14万1600円	2.12%
100株以上保有で3000円相当の基礎化粧品やサプリメント、または店舗サービス利用券などが選べる	

外食系

東証1部・9861（2月末日／8月末日） **吉野家ホールディングス**	
1373円	100株
13万7300円	4.37%
吉野家や京樽で使えるサービス券を100株以上で3000円、1000株以上で6000円など株数に応じてもらえる	

※2016年6月17日現在

旅行（交通）・レジャー系

東証1部・9202（3月末日／9月末日） **ANAホールディングス**	
291円	1000株
29万1000円	配当利回りのみ 1.73%
国内線片道1区間50%割引券が1000株以上で1枚〜。1000株以上ならグループのホテルや旅行、買い物も割引に	

161

初心者が始めやすい「外貨投資」

円安が進むほど利益が上がる！

ドルやユーロといった海外の通貨を売買する運用方法を外貨投資といいます。具体的な方法を外貨預金で説明すると、あらかじめ銀行で取引をしたい通貨の口座を開設し、円を外貨に替えて貯めていきます。外貨に替えたときよりも円安になると利益が出る仕組みになっていきます。

たとえば、1ドル100円のときに円をドルに換金し、そこから円安になり1ドル110円となったときにドルを売り円に戻せば、それだけでも10円の利益です（＝為替差益）。逆に、円高のときは損をすることになります。1ドル100円でスタートしたとして、円高で90円に下がったらマイナス10円となる仕組みです（＝為替差損）。そのため、景気の状況をよく考えたうえで検討しましょう。

また、売買には所定の手数料がかかりますので、目先の金利だけでなく、手数料も考えたうえで預けるようにしましょう。

外貨預金の損得はどう決まる？

外貨投資で利益を出すうえで、
覚えておくべき為替差益の仕組みを解説します。

為替差益の図解

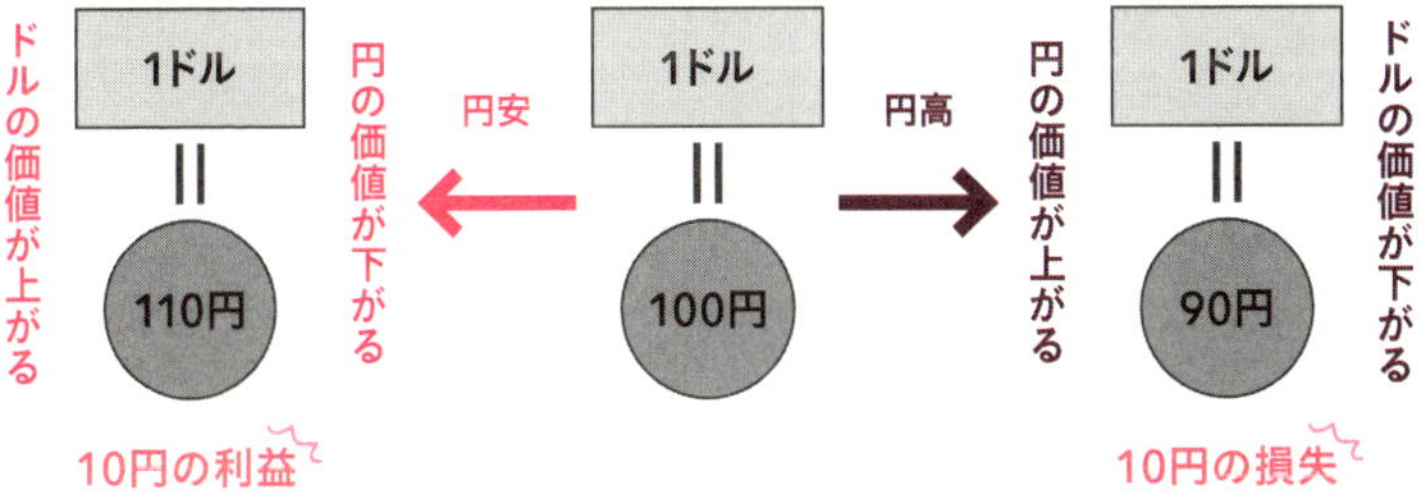

為替差益とは？

円安で得する分を「為替差益」といいます。1米ドル=100円で交換した1ドルを110円のときに円に戻せば10円の得。反対に円高で損するのが「為替差損」です。

売買手数料にも注意

円からドル、ドルから円へと売買するたびに手数料がかかります。この手数料が安いほど利益が出やすくなるので、いくつかの銀行を比較してみましょう。

外貨預金よりも高金利の「外貨ＭＭＦ」

手数料が安く、安全性が高い

投資商品を選ぶなかで、「安全性は高いけど、利回りがあまり期待できないのはちょっと残念」といった贅沢な悩みを持ったら、外貨ＭＭＦを検討してみましょう。

円で預けるＭＭＦとの違いは、米ドルやユーロなどの外貨で運用されること。つまり外貨預金などと同じ、外貨建ての商品になります。前にも触れたように、ＭＭＦは安全性の高い格付けの債券を短期で運用します。格付けが高いということは、信用リスク※の面ではローリスク。そんなＭＭＦの利点を持つ外貨ＭＭＦならではのメリットは、外貨預金よりも高い利息が期待できること。現在は日本よりアメリカやヨーロッパなどの外国のほうが高金利なので、国内のＭＭＦと比べて高い利息が期待できます。さらに、外貨で増やすタイプのなかでは外貨ＭＭＦは手数料が安く済み、通貨交換時のＴＴＳ（円→外貨の交換レート）／ＴＴＢ（外貨→円の交換レート）も低く抑えられているのです。

※有価証券の発行体（国や企業など）が財政難、経営不振などの理由により、債務不履行（利息や元本などをあらかじめ決められた条件で支払うことができなくなること）が起こる可能性の大きさ。

円高・円安の仕組みが知りたい

円高は海外旅行や輸入商品がお得になるチャンス

経済ニュースなどでよく「円高・円安」という言葉をよく耳にしますが、いくらなら円安で、いくらなら円高という決まった水準があるわけではありません。円安や円高はある時点を水準として、円が安くなったり高くなったりすることです。

私たちの生活において、円高と円安どちらがお得かというのは状況によりけりで一概には言い切れません。円高は円の価値が高いということなので、輸入商品が安く手に入るチャンスですし、海外旅行へ行く際もより多く現地の通貨に交換することができます。

一方、円安は輸出業にとってメリットがあります。たとえば日本車を海外へ輸出する場合、円安のときに売ったほうがドルの価値が高いので為替差益で企業が潤い、働いている人たちの収入に反映されます。円高・円安の仕組みを覚えておくと、投資のやりとりに限らず、海外旅行に行くときなどにも役に立つことでしょう。

初心者が始めやすい「投資信託」

任せて安心。投資運用は専門家が代行

投資運用の代表格が投資信託。多くの人たちから集めたお金を、ファンドマネージャーなどの投資の専門家に任せます。ファンドマネージャーは複数の金融商品に分散投資して、預けた資産の運用を代行してくれるのです。そしてその成果が出資者へ還元されるという仕組みです。

投資信託には、①1万円くらいから投資が可能、②投資家から集めたお金でまとめて運用するため投資対象を増やしやすい、③専門家が投資を代行する、④投資できる金融商品が多い、という4つのメリットがあります。お金をどう増やしていくかという「運用方針」も公開されているので、自分で納得できる投資信託の選択が可能です。

積極的にお金は増やしたいけれど自分で運用するのは不安というなら、一度検討してみるのもよいでしょう。

国内株式型の投資信託（ファンド）を買うとどうなる？

銘柄を選んだら、その先はファンドマネージャーという専門家が運用するのが「投資信託」。集めた資金を分散投資して運用してくれます。

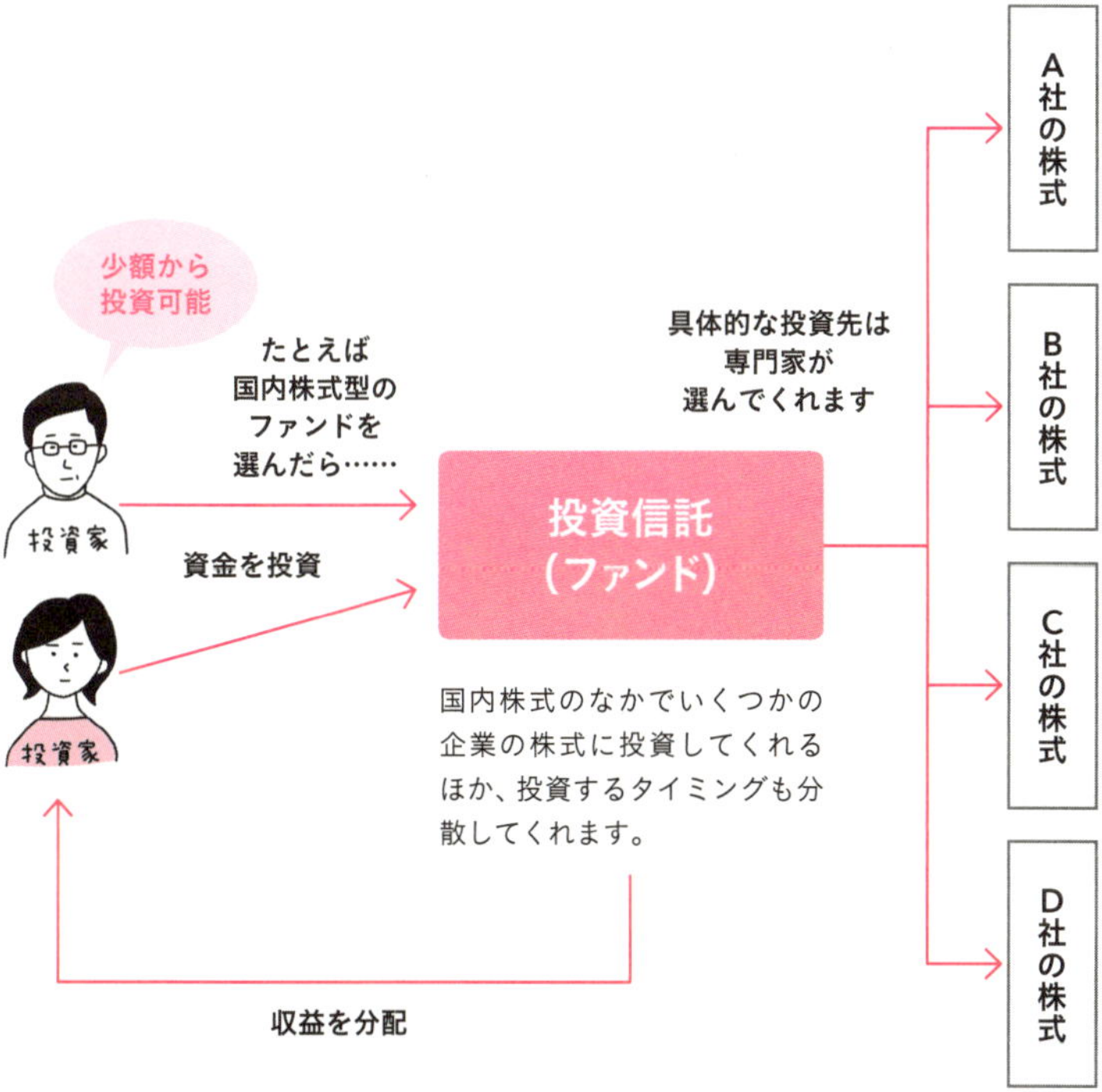

初心者が始めやすい「ＥＴＦ」

株式と投資信託が一体になった金融商品

ＥＴＦとは、株式と投資信託、それぞれのよいところを持つ注目の金融商品です。機械的に運用するためコストが抑えられていて手数料が安く、好きなときに自由に売買できる手軽さは株式投資並み。1万円程度の少額から取引できるのは投資信託と同じなので、投資初心者におすすめです。

日本の株式市場で取引できるＥＴＦだけでも１００種類以上。買ったときより価格が上がれば利益になるのも株式投資とまったく同じです。

ＥＴＦの魅力は、日経平均株価や金の価格などの指数に連動する指数連動型のものが多く、それらは市場と値動きが近いというわかりやすさでしょう。さらにＥＴＦは多くの投資対象に分散して投資するので、リスクを抑えられます。しかも、株式を対象としたものは、株の配当金も期待できます。

ETFってどんなもの?

**ETFとは株式市場に上場されている投資信託のこと。
一見似ているようで全く違う株式とETFの違いをみてみましょう。**

株式の場合

- 225銘柄を個別に買ったら、なんと1億円以上もかかってしまう!
- 経済状況も関係するが、その企業に関連した動向を追っていく必要がある
- 数十万円する銘柄も多く、たくさん買うのが難しい。その銘柄が下落したら大変!

ETFの場合

- 日経225（日経平均株価）連動型ならすべての株をセットで1万円以下から買える
- 指数に連動しているものが多く、ニュースや新聞で情報が把握しやすい
- 1万円以下から買えるので、いくつかを組み合わせて分散投資できる

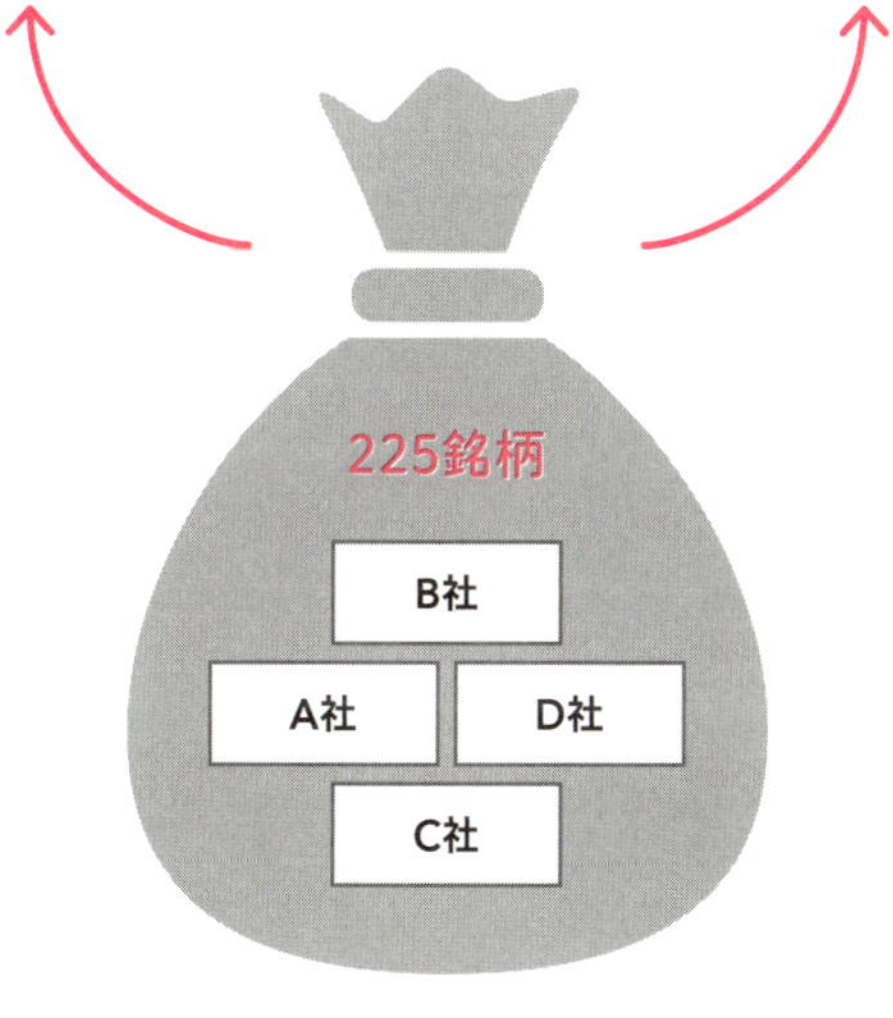

純金積立でコツコツ投資！

インフレ時代に有利!? 月々3000円で〝金持ち〟に！

「お金」と違って、現物そのものに価値がある〝金＝ゴールド〟という資産も忘れてはいけません。実は金《ゴールド》は世界中で取引されていて、その値段は日々変わります。利息や分配金がないかわりに、購入した時点より価格が上がればその分が利益になります。金の値段はインフレや社会情勢が不安定になるとともに上昇することが多い傾向にあるので、これからの時代には有利といえるかもしれません。

いわゆる金の延べ棒は1kgで5000万円と、なかなか手を出しづらいもの。しかし、金を購入できる貴金属商などでは、少額から始められる純金積立という買い方もあります。毎月一定の金を購入するので、ドル・コスト平均法により価格が安いときは多く、高いときは購入量が減ります。最低積立金額は3000円からと気軽に始められ、余裕がある月は買い増しもＯＫ、一時的に休むことも可能。お金だけではなくアクセサリーにも交換できるので、気軽に憧れの金を所有できるのです。

どんな会社で純金積立は始められる？

金を扱う貴金属商で純金積立は取り扱っています。
代表的な会社の商品内容を紹介。

【純金積立ができる会社一覧】

会社名	商品名	手数料	特徴
三菱マテリアル	マイ・ゴールドパートナー	年会費864円 購入手数料 1万円未満の場合 1000円につき30円	月々3000円以上1000円単位。購入期間は1年で、申し出なければ自動継続される。また、毎年満了日には「継続ボーナス」も提供
住友金属鉱山	GOLD夢CLUB	年会費864円 購入手数料1000円につき25円	月々3000円以上1000円単位。積立購入金額に応じて〈交換商品カタログ〉のなかから好きな品物と交換できるお楽しみポイントあり
田中貴金属工業	純金積立	年会費1080円 購入手数料1000円につき25円	月々3000円以上1000円単位

※2016年6月17日現在

ドル・コスト平均法ってなに？

たとえば、1回で60万円分を購入するのではなく、同じ60万円でも毎月5000円ずつをコツコツと120回にわたって購入するのが「ドル・コスト平均法」。価格が上がり続ける場合には、一定の量を買い増していく定量購入のほうが有利ですが、金融商品は価格が上下するのが普通ですから、ドル・コスト平均法のほうが高いときは少なく、安いときは多く買えるため平均すると利益が出やすく、リスクが軽減されます。

証券口座は3つある!

それぞれの口座の特徴を理解しよう

証券口座には「一般口座」「特定口座」「NISA口座」の3つがあります。それぞれどんな違いがあるのでしょうか?

一般口座は、取引の損益を自分で計算して利益が出たら確定申告をしなければなりません。しかし、「年収が2000万円以下で、かつ、株や投資信託などの利益が20万円以下」であれば所得税の確定申告が不要となります(住民税は要申告)。

特定口座は、「源泉徴収あり」のタイプと「源泉徴収なし」のタイプがあり、「源泉徴収あり」を選ぶと、株式の譲渡益にかかる税金を証券会社が計算して、源泉徴収して税務署へ納めてくれるので確定申告が不要となります。

NISA口座は1人1口座だけ開設でき、年間120万円までの利益が非課税になります。ただし投資をせずに余った枠は翌年に繰り越しできません(P274で詳しく解説)。

3つの口座の使い分け方

自分の投資額と口座の非課税枠で賢く使い分けを

一般口座は「年収が2000万円以下で、かつ、株や投資信託などの利益が20万円以下」であれば所得税の確定申告が不要なので（住民税は要申告）、普段あまり投資をしない人や、損益通算※をしたい人、少額の取引をする人には使い勝手が良いかもしれません。

特定口座で「源泉徴収あり」は確定申告の必要がないので、会社員などもともと申告をしない人や申告が面倒な人におすすめ。また、配偶者控除や扶養控除を受けている人は通常は38万円以上の利益が出ると扶養から外れることになりますが、「源泉徴収あり」の特定口座で取引すれば38万円以上利益を出しても扶養から外れません。

NISAは年間120万円まで非課税なので、100万円ほど投資する予定がある人には利益にかかる税金分がお得になります。自分の投資スタイルに合わせて、それぞれの口座を使い分けましょう。

※投資で出た利益と損益を相殺すること。利益が出た場合は課税されますが、相殺しても損失が多い場合は、確定申告を行うことで翌年以降3年間に渡って繰越控除ができます。

Lesson 5
お金の
増やし方
169

NISAってなに?

投資で得た利益に課税されないお得な制度

2014年から導入開始された「NISA(少額投資非課税制度)」。これは、年間の投資金額が120万円までなら投資で得た利益が課税されないという制度です。通常であれば、投資で得た利益に対して約20%の税金がかかるので、NISAを利用すると税金分がお得といえます。非課税になる期間は最大5年間で、投資金額の合計最大600万円まで投資枠が使えます。非課税の対象となるのは、金融商品の利益(売買益、分配金、配当金など)です。

NISA口座は1人1口座だけ開設でき、銀行や証券会社などで手続きします。金融機関によって取り扱う金融商品の種類が違いますが、2015年からは金融機関の変更が可能になりました。

注意点は、1年間に投資した金額の合計が70万円だとしても、残りの50万円を翌年に繰り越しすることはできません。また上限120万円までの非課税枠のうち、一部を現金化しても、その分を別の商品に再投資することはできません。

NISAの仕組みをおさらい！

**いままでの投資用口座となにが違うの？
NISAの仕組みを解説します！**

NISA口座で120万円分投資して、一部を売却したら？

1年間の投資額

NISA口座に120万円投資

株 30万円	株 30万円
株 40万円	株 40万円
投資信託 20万円	投資信託 20万円
MMF 30万円	×

→ 30万円分のMMFを売却

売却しても、その分の枠が空くわけではない！

売却分の再利用はできません

120万円分投資をして、一部を売却してもその枠は空きません。

余った枠は翌年に繰り越せません！

たとえば、2016年にNISA口座で80万円分投資して40万円分の枠が余っても、その分を2017年に繰り越して翌年の投資枠を40万円増やすことはできません！

投資で10万円の利益が出たらどうなる？

10万円 ―＼税金がかからない／― NISA口座 → 利益の手取りは10万円

10万円 ―＼税金が約20%かかる／― 一般口座 特定口座 → 利益の手取りは約8万円

投資で得た利益が非課税に！

NISA口座を利用すれば、年間投資金額120万円以内なら投資で得た利益にかかる税金が非課税に。従来の一般口座や特定口座で投資をするよりも、税金分が得になります。

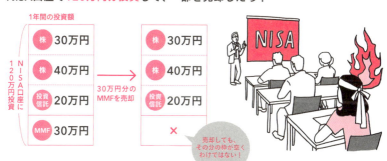

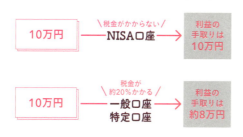

新登場のジュニアＮＩＳＡ口座とは？

２０１６年からＮＩＳＡの制度に変化が現れる

２０１６年1月からスタートしたマイナンバー制度に伴って、ＮＩＳＡにも変化がありました。そのひとつが、２０１６年4月から始まった19歳までの未成年を対象とした「ジュニアＮＩＳＡ」です。これは非課税枠が年間80万円までで、運用は親権者が代行で行えるものです。ただし、18歳までは払い出しに制限がかかるため、注意が必要です。口座名義人が成人になると、成人のＮＩＳＡ口座に自動的に移行されます。

また、成人のＮＩＳＡも２０１５年までは１００万円だった非課税枠が、２０１６年から１２０万円まで拡大に。なお、どちらも口座開設の手続きの際には自分のマイナンバーが必要となるので、まだマイナンバーを取得していない人は早めに手続きを。

子どもの資産運用を考えている人は一度検討してみるといいでしょう。

2016年から変わったNISA

**新たに加わった制度や変更点など、
利用する前に確認しましょう。**

ジュニアNISA口座新設

2016年4月、ジュニアNISAが創設されました。対象となるのは0〜19歳の未成年者で、非課税枠は年間80万円まで。運用方法は、原則として親権者などが代理運用する形式を採用。18歳までは途中で払い出しをすると、発生した利益に対して課税されるので注意が必要です。

Point!

❶ 0〜19歳が利用可能
❷ 年間80万円、最大5年間非課税
❸ 18歳まで払い出し制限

上限額がアップ!

2015年までのNISAは、非課税枠の上限金額が100万円でした。しかし、マイナンバー制度が実施され、ジュニアNISAの新設に伴い、NISAの非課税枠も120万円まで拡大されることになりました。

マイナンバーを提示して口座開設

ジュニアNISAの口座開設の手続きでは、マイナンバーの提示が求められます。また、2015年までに成人のNISAの口座を開設している人や、新規の口座開設時でもマイナンバーの提示が必要に。

クラウドファンディングってなに？

事業を始めるための資金調達の手段のひとつ

「クラウドファンディング」とは、「群衆（crowd）」と「資金調達（funding）」を組み合わせた造語で、事業を始めるために必要な資金を調達する手段のひとつです。クリエイターや起業家が、アイデアやスキルはあるけど資金がない場合などに利用するケースが多いようです。クラウドファンディングを利用することで、製品やサービスの開発に必要な資金を集めると同時に、多くの人にその商品やサービスを認知してもらえるというメリットもあります。

クラウドファンディングには、購入型、寄附型、投資型の3種類があります。購入型は、起業家が出資者に対して、金銭以外の商品やサービスなどのリターンを行います。寄附型はその名のとおり、寄附であるためリターンはなし。投資型は、出資額に応じてリターンとして金銭や株式が発行されます。ただし、日本では投資型は金融商品取引法の規制対象となるため、あまり普及していません。

Lesson 5
お金の
増やし方

172

クラウドファンディングを利用するには？

サービス上でプロジェクトのプレゼンをして出資者を募る

自分のアイデアや商品をもとに起業をしたいけど資金がない。そんなときにクラウドファンディングを利用するのもひとつの手。ある目的を叶えるために、インターネットを通じて世界中から資金の出資や協力を募ることができます。

利用するには、「なぜその目的を叶えたいのか」「資金が集まったらどうするのか」「資金はいくら必要なのか」など、プロジェクト内容を「READYFOR」や「CAMPFIRE」などのクラウドファンディングサービス上に掲載して、不特定多数の人へプレゼンします。その際、出資者に対してなにかしらのリターンがある場合は、それも明記します。プロジェクトが実行できる資金が集まったら、サービス運営者に集まった資金の10～20％を手数料として支払わなければなりません。

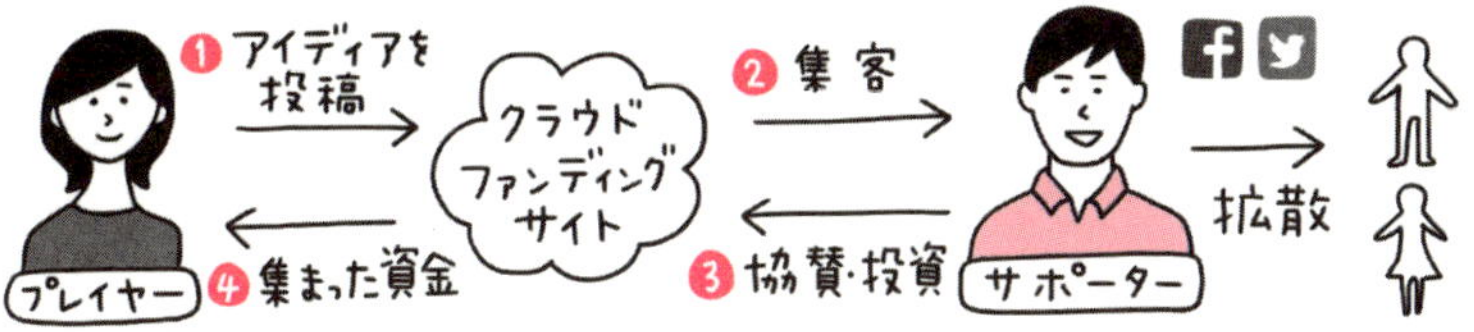

お金の増やし方

心得

一、資産運用には
多少のリスクを覚悟する

二、分散投資で
リスクを減らす

三、証券口座を
賢く使い分ける

Lesson 6

届け出だけでもらえるお金

仕事の収入や貯蓄でお金を貯める以外に、
届け出をすればお金をもらえたり
戻ってきたりする制度があります。
いざというときどんな制度を利用できるのか、
チェックしておきましょう。

届け出すればお金がもらえる、戻ってくる

意外と知られていない困ったときのお金の制度

お金は貯める、増やすだけではなく、もらえる、戻ってくるお金もあります。日本には医療費や収入に関連するさまざまな給付金や控除制度がありますが、それらは特に国や自治体などから知らせてくれるわけではなく、その制度が利用できたとしても使うことがないまま終わってしまう可能性もあります。

たとえば、高額の医療費は任意の保険でカバーするしかないと思いがちですが、申請すれば一部医療費が戻ってくる場合もあります。また、業務中や業務中以外のケガや病気で長期間休まなければいけなくなった場合は、その治療にかかる医療費などの出費が重くのしかかるうえ、休業中の給料が引かれてしまいます。でも、こんなときも労災や傷病手当といった制度を利用すればお金がもらえることもあります。実は、インフルエンザや風邪が長引いたときでも使えることがあるので、覚えておくといいでしょう。

治療や介護、育児などに利用できる

そのほかにも、離職や再就職の際に給付がもらえる各種手当や、出産、子育て、介護など、この先の人生で起こり得るイベントやアクシデントなどをサポートしてくれる、お金にまつわる制度がたくさん存在します。

老後の生活費が心配な場合は、老後に受け取る年金額を多くする制度を利用するのもいいでしょう。しかも、届け出だけでその制度を利用できるのですから、使わない手はありません。

どんなときに、どんな人が、どんな制度を利用することができるのか。困ったときは役所などに相談して、病気やケガの治療、育児、介護のサポートに上手に制度を利用しましょう。

傷病手当金

業務外のケガや病気に対応

個人的な病気やケガで仕事を休めば、その分のお給料は引かれてしまいます。しかし、その期間も安心して療養に専念できるように、全国健康保険協会（協会けんぽ）、健康保険組合、共済組合などの被保険者なら、申請をすれば「傷病手当金」が支給されます。会社を連続して3日以上休めば、4日目以降の休んだ日に対する手当（平均日額給与の3分の2）が1年6カ月間受給可能。自宅療養や通院の場合は、医師による証明が必要です。

いくらもらえる？

欠勤1日につき、通勤手当や残業代を含む平均給与1日あたりの額（標準報酬日額）の約3分の2※が最長1年6カ月までもらえます（土・日・祝日分も含む）。

たとえば、報酬日額7000円で3カ月間（92日）会社を休んだら……

7000円×2/3×（92日《欠勤日》－3日間《＝待期期間》）≒41万5333円

※50銭未満は切り捨て、50銭以上1円未満は切り上げ

どうやって申請する？

勤務先が加入している健康保険（国民健康保険は不可）へ申請。医師からの証明書が必要なので、もらい忘れのないようにしましょう。相談や問い合わせは、勤務先の人事部や総務部へ。

どんなときにもらえる？

- 風邪やインフルエンザでの自宅療養、レジャーの際に負ったケガの入院などで会社を休む場合にもらえます。
- 土・日・祝日や有給休暇も含めて連続3日（待期期間）以上仕事を休むと、4日目以降から支給。

［待期期間の数え方］

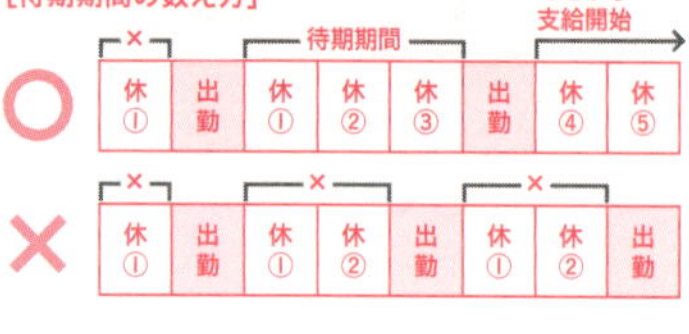

療養（補償）給付

仕事中のケガや病気の医療費が戻る

労働者（契約社員、パート、アルバイト、派遣社員も含む）が、通勤・仕事中にケガや病気をしたらもらえるのが、労災保険のひとつである「療養給付」。労災指定病院なら無料で治療を受けられ、そうでない病院なら窓口で医療費を立て替え、後日労働基準監督署に会社経由で請求します。医師に「通勤中や仕事中のケガ」であることを伝えましょう。

通勤災害の場合は、初診時に200円の一部負担が生じます。

どうやって申請する?

病院で治療を受ける際、**「通勤中や仕事中のケガ、病気」**であることをまず伝えます。**「労災指定」病院なら医療費を初めから払わずに済みます**が、そうでない病院で受けた場合は、**健康保険証は使わず**（後の手続きが複雑になってしまうため）、一度窓口で医療費全額（10割）を支払います。その後、**会社経由で労働基準監督署で手続き**をすれば、全額が戻ってきます。労災かどうかの判断は最終的には労働基準監督署が下すので、自分で判断がつかない場合は会社に相談をしましょう。

どんなときにもらえる?

業務災害と認められるには、業務遂行性と業務起因性がポイント。したがって、通勤中に寄り道した先での事故は対象外になる可能性大！

- **業務遂行性**……仕事に従事していたことで発生したケガや病気
- **業務起因性**……仕事が原因で生じた病気やケガ

いくらもらえる?

労災保険から病院で支払った**医療費全額**が戻ってきます。

Lesson 6

届け出だけでもらえるお金

176

休業（補償）給付

仕事中の病気やケガで休むともらえる

「休業給付」は通勤途中のケガで会社を休んだ場合、「休業補償給付」は仕事上のケガや病気で休んだ場合に労災保険から支給されます。連続せずとも3日以上休んだとき、4日目以降に関して1日あたり平均給与（ボーナスなどを除く過去3カ月の平均賃金から算出）の約80％相当額が受給可能。

ただし、通勤中のケガでなく業務上の傷病の場合には、休業初日〜3日目の間は事業主から「休業補償」が支払われます。

いくらもらえる？

3日以上休めば、4日目からは1日あたりの平均給与（ボーナス等を除く過去3カ月の平均賃金から算出）の80% 相当額が治癒するまでもらえます（土・日・祝日分も）。ただし、業務上の傷病なら休業初日〜3日目までの待期期間は事業主から支払われます（通勤中のケガは支給されません）。

たとえば、業務上のケガで1カ月間会社を休む場合
1日の平均給与が7000円だったら……

休業初日〜3日間は　7000円×60%＝4200円（事業主）
（60%＝0.6）

4日目以降は　7000円×80%＝5600円
（80%＝0.8）

4200円×3日間＋5600円×27日間＝16万3800円

どんなときにもらえる？

通勤途中のケガや仕事中の傷病のため会社を休み、治療を受けたり自宅療養するとき（医師の指示の下、治療している場合には、入院していなくても適用されます）。

どうやって申請する？

労働基準監督署への請求手続きが必要になるので、勤務先の人事部や総務部などに相談しましょう。

障害（補償）給付

仕事中のケガや病気で後遺症が残ったら

仕事中に負ったケガや病気が治ったとしても、障害が残る可能性があります。そんなときにもらえるのが「障害（補償）給付」です。これは労災保険から支給されるので、労働者（契約社員、パート、アルバイト、派遣社員も含む）であれば申請可能。給付額は障害等級と給与によって決まります。

障害等級8〜14級で比較的軽度の場合は障害一時金を、1〜7級で重度の場合は一時金と障害年金をもらえます。

どんなときにもらえる？

労災扱いが認定されたケガや病気が治った（症状が固定し、治療の効果が期待できなくなった状態）あと、一定の障害が残ってしまったとき。

どうやって申請する？

労働基準監督署への請求が必要になるので、勤務先の人事部や総務部に相談しましょう。

いくらもらえる？

たとえば、障害等級10級（日数302日分）で1日の平均給与7000円、傷病前のボーナスが年間50万円だったら……

障害補償一時金（7000円×302日分）＋障害特別支給金（39万円）
＋障害特別一時金（50万円÷365日×302日分）＝約291万7699円

軽い障害（8〜14等級）	障害補償一時金	1日あたりの平均給与（給付基礎日額）×等級ごとに決められた日数分の一時金
	障害特別支給金	等級ごとに決められた額の一時金
	障害特別一時金	〈傷病前の1年間のボーナスなどの特別給与額÷365日（算定基礎日額）〉×等級ごとに決められた日数分の一時金
重い障害（1〜7等級）	障害補償年金	給付基礎日額×等級ごとに決められた日数分の年金
	障害特別支給金	等級ごとに決められた額の一時金
	障害特別年金	算定基礎日額×等級ごとに決められた日数分の年金

Lesson 6

届け出だけでもらえるお金

178

所得税の医療費控除

確定申告で税金が戻る

1年間（1月1日～12月31日）に病院窓口で支払った医療費（家族分含む）が10万円を超えた場合、確定申告を行えば、超えた分が所得額から控除されて税金が戻ってきます（5年前までさかのぼって申請可）。

あん摩マッサージ指圧や鍼灸の施術代、歯列矯正費や出産費用も控除対象です。また、医療費には市販の薬代や通院時の交通費なども含まれるので、医療費の領収書は日頃から管理しておくといいでしょう。

医療費控除の確定申告を行う人は、所得が多い人（所得税率が高い）で申告すると多くの還付金を受け取ることができます。また、医療費控除を受けると所得税が還付されるだけではなく、翌年の住民税も安くなります。

どうやって申請する？

医療費の領収書や源泉徴収票、交通費の記録を添えて税務署に確定申告します。医療費の領収書やレシートを添えて提出するため、捨てずに保管しておきましょう。ただし、領収書のない交通費は、日時・経路・運賃のメモ書きや家計簿でOK。マイカーのガソリン代や駐車料金は対象外なので注意を。

どんなときにもらえる？

- 1年間（1月1日～12月31日）に支払った医療費（交通費・市販薬代含む）が10万円を超えたとき
- 収入が200万円未満の場合は医療費の自己負担額が所得額の5%を超えたとき
- 本人だけではなく、生計を共にしている家族分も合算して上記の条件に当てはまるとき

いくらもらえる? 所得やかかった医療費により最終的に戻ってくる額は変わってくる!

たとえば、所得400万円のAさんの1年間の医療費が30万円だったら……

（保険金の補てんはなし）

※1 生命保険などの給付金や、高額療養費・家族療養費・出産育児一時金など　※2 上限は200万円

医療費控除額＝

1年で支払った医療費	−	保険金等の補てん金※1	−	〈所得が200万円以上〉**10万円** または 〈所得が200万円未満〉**所得額の5%**

30万円－10万円＝ 20万円 が医療費控除額※2

しかし20万円が戻ってくるのではない!

戻ってくる金額＝医療費控除額×所得税率

↓ なので

[所得税率の一覧]

課税所得※	税率
195 万円以下	5%
195 万円超～ 330 万円以下	10%
330 万円超～ 695 万円以下	20%
695 万円超～ 900 万円以下	23%
900 万円超～ 1800 万円以下	33%
1800 万円超～ 4000 万円以下	40%
4000 万円超～	45%

※課税所得の1000円未満の端数は切り捨て

20万円×20%＝ 4万円 が戻ってくる金額

高額療養費制度

手術費や入院費が還付される

健康保険証を提示すれば、医療費の自己負担は3割で済みます。しかし、1カ月に同じ医療機関や薬局の窓口で支払った額が、自己負担額の上限（所得によって決定。一般的な所得の負担限度額は9万円程度）を超えると、超過分は1％の負担で済み、払いすぎた分が戻ってきます。また、1年以内に同制度を3カ月利用していれば、4カ月目以降の限度額は引き下げになるので、医療費の多くかかった年でも安心です。

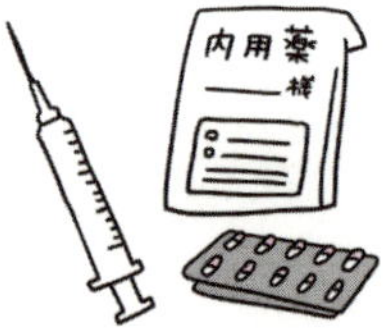

どうやって申請する？

加入している健康保険組合へ申請します。組合によっては自動的に還付され、給与と一緒に振り込まれることもあります。相談や問い合わせは、地方自治体や社会保険事務所、健康保険組合の窓口へ。

[申請の方法]

●どこへ申請しにいけばいい？
加入している健康保険（国民健康保険も可）の窓口へ直接持っていく、あるいは郵送も可。

●なにが必要？
限度額を超えた月に健康保険組合から送付されてくる、または窓口やHPから自分で入手した高額療養費支給申請書。ほかに、医療費の領収書、国民健康保険ならそれに加えて印鑑、健康保険証、預金通帳などが必要。

●いつまでに申請すればいい？
診療した月の翌月の1日から2年以内に申請する必要があります。

どんなときにもらえる?

同じ医療機関で支払った1カ月間（1日〜末日）の医療費が自己負担限度額を超えたとき（保険適用外の治療や入院時の差額ベッド代、食費の一部は自己負担となります）。

自己負担限度（70歳未満の場合※1）

所得区分	自己負担限度額	多数該当※2
①年収約1160万円〜 健保：標準報酬月額83万円以上 国保：年間所得（※1）901万円超	25万2600円 ＋（総医療費－84万2000円）×1%	14万100円
②年収約770万〜1160万円 健保：標準報酬月額53万円以上79万円未満 国保：年間所得600万円超901万円以下	16万7400円 ＋（総医療費－55万8000円）×1%	9万3000円
③年収約370万〜770万円 健保：標準報酬月額28万円以上50万円未満 国保：年間所得210万円超600万円以下	8万100円 ＋（総医療費－26万7000円）×1%	4万4400円
④年収〜約370万円 健保：標準報酬月額26万円未満 国保：年間所得210万円以下	5万7600円	4万4400円
⑤住民税の非課税者等	3万5400円	2万4600円

※1　70歳以上の人の場合は、限度額の計算方法が異なる
※2　1年間に高額療養費の適用が3カ月以上あった世帯は、4カ月目から表中の額へと限度額が下がる

いくらもらえる?

たとえば所得区分が③の場合に、
1カ月に100万円の医療費がかかったら……

自己負担限度額は

8万100円＋（100万円－26万7000円）×1%＝8万7430円
＝73万3000円　　＝0.01

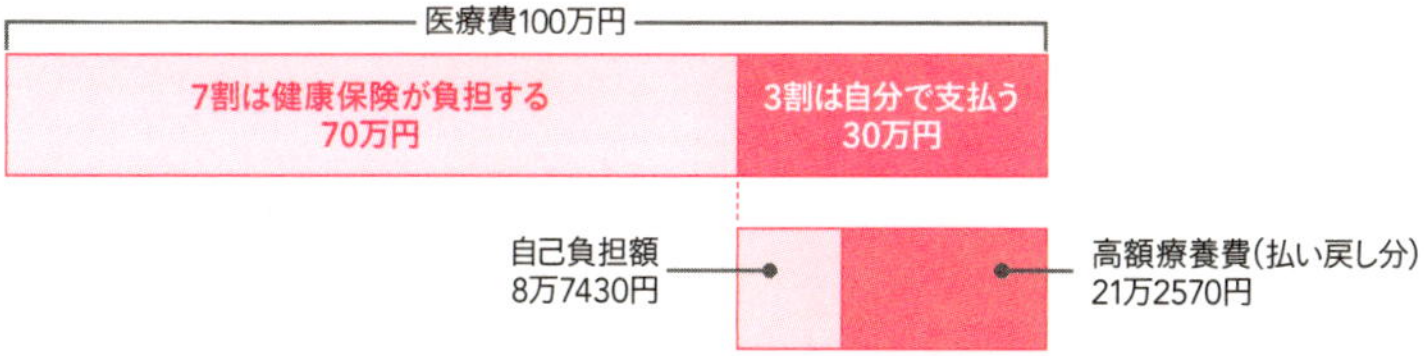

つまり、払い戻し分は

➡ 30万円－8万7430円＝ 21万2570円

「限度額適用認定証」で立て替えが不要に！

医療費が高額になりそうなときに準備を

いくら高額療養費制度を利用したことで医療費が戻ってくるとはいえ、病院の窓口ではその高額な費用を一度自分で立て替えて支払わなければなりません。そのうえ、払い戻しも申請してから3～6カ月後とだいぶ先になってしまうため、お金に余裕がないときには大変です。

そこで、入院が必要になるときなど、医療費が高くなりそうだということが事前にわかったときには、「限度額適用認定証」をあらかじめ取得しておくのがおすすめです。限度額適用認定証を医療機関の窓口で提示すれば、初めから窓口で負担する額が自己負担限度額で済むのです。高額療養費を後日申請する必要もなくなります。

限度額適用認定証を提示すれば自己負担限度額のみでOK

自己負担限度額は、被保険者の所得区分によって分類されます。たとえば、所得が月28万～50万円未満の人で100万円の医療費がかかった場合。限度額適用認定証を提示しなければ、3割負担分の30万円を窓口で支払わなければなりません。しかし、限度額認定証を提示すれば、この場合の自己負担限度額8万7430円だけ窓口で払えばよいのです。

たいていの場合は、事前に「限度額適用認定申請書」を全国健康保険協会（協会けんぽ）の都道府県支部に提出することで、認定証を交付してもらえます。ちなみに、認定証には申請月の1日から最長1年間の有効期限があります。

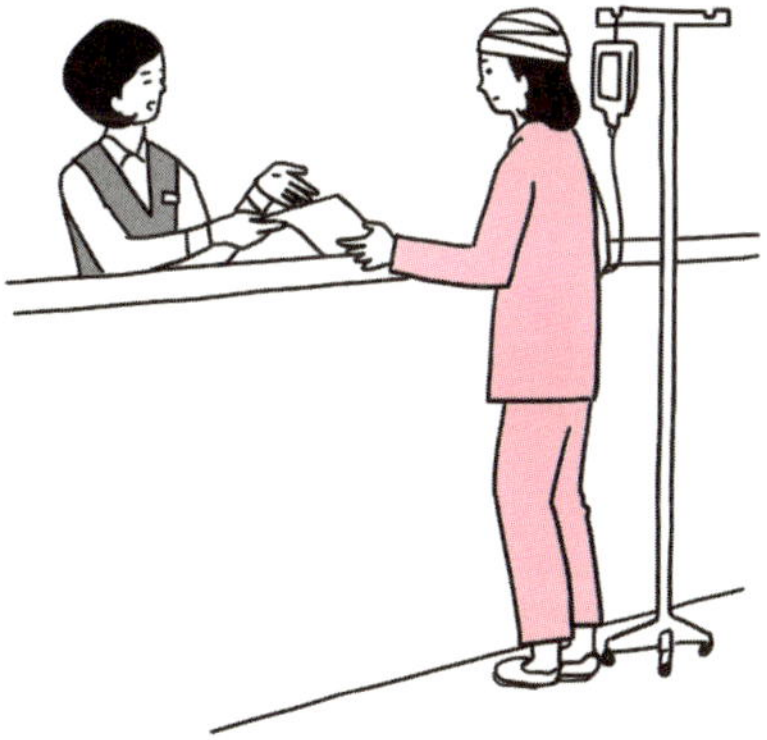

181

失業給付

失業者が求職中にもらえる

離職後、次の仕事を始めるまでに一定の条件を満たせば、雇用保険から「失業給付」がもらえます。就職する意思があり、積極的に就職活動をしていることが前提。受給日数は退職理由（会社都合か自己都合か）や雇用保険の加入期間で決まります。会社都合なら自己都合より最大180日多くなることも。退職理由がどちらなのかは離職票に記載されますが、最終的には、ハローワークの判断なので、明確にしておきましょう。

どんなときにもらえる?

- いつでも働ける環境・健康状態にあり、就職活動を行っている（求職実績の申請が必要）にもかかわらず、就職できていないとき。
- 退職前2年間に12カ月以上（会社都合なら1年間に6カ月以上）雇用保険に加入しており、被保険者期間中、1カ月に11日分以上の給料支払いがされていることが条件。

[失業給付を受給できる期間]

退職後、手続きをしてから待期期間を経て受給開始。自己都合はさらに3カ月間の「給付制限期間」があります。受給期間は退職日から1年と決まっており、手続きが遅れると損をするので注意！

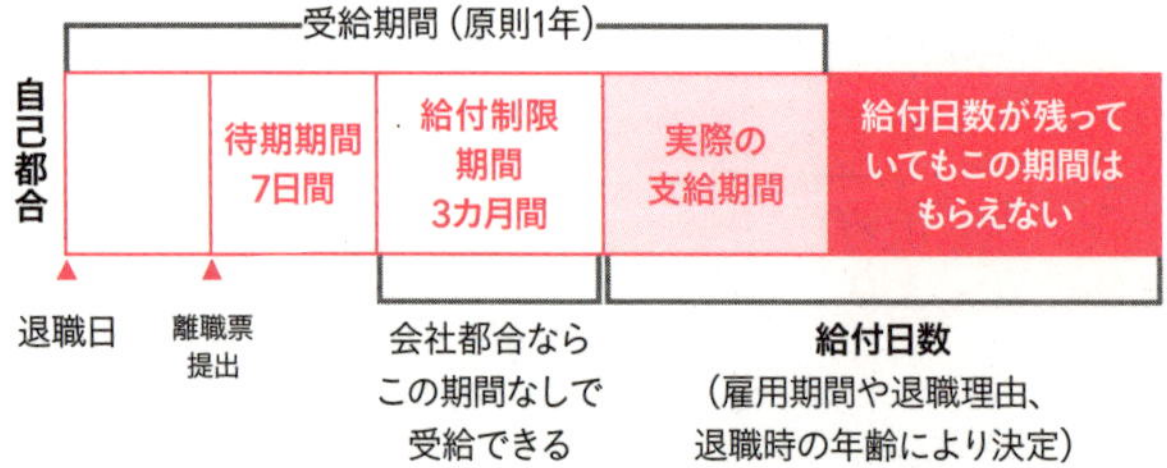

どうやって申請する？

ハローワークで求職申し込みと同時に離職票を提出すると受給資格が認定されます。提出が遅れても受給期間は延びないので、辞める会社になるべく早く離職票を発行してもらうように伝えましょう。

いくらもらえる？

1日あたりにもらえる失業給付額は、離職前6カ月間の賃金の合計を180で割った「賃金日額」の50〜80%となります。

基本手当（失業給付）日額

＝ 離職前6カ月間の賃金合計 ÷ 180 × 給付率 50〜80%

（ボーナスは除く、残業代・諸手当含む）　（年齢や賃金日額により異なる）

［条件別給付日数の一覧］

<table>
<tr><th rowspan="2"></th><th rowspan="2">退職時の年齢</th><th colspan="5">雇用保険加入期間（＝被保険者期間）</th></tr>
<tr><th>1年未満</th><th>1年以上〜5年未満</th><th>5年以上〜10年未満</th><th>10年以上〜20年未満</th><th>20年以上</th></tr>
<tr><td rowspan="5">会社都合（リストラ、倒産など）</td><td>30歳未満</td><td rowspan="5">90日</td><td rowspan="3">90日</td><td>120日</td><td>180日</td><td>—</td></tr>
<tr><td>30歳以上35歳未満</td><td rowspan="2">180日</td><td>210日</td><td>240日</td></tr>
<tr><td>35歳以上45歳未満</td><td>240日</td><td>270日</td></tr>
<tr><td>45歳以上60歳未満</td><td>180日</td><td>240日</td><td>270日</td><td>330日</td></tr>
<tr><td>60歳以上65歳未満</td><td>150日</td><td>180日</td><td>210日</td><td>240日</td></tr>
<tr><td colspan="2">自己都合（転職、結婚、出産、病気、介護、定年など）</td><td>—</td><td colspan="2">90日</td><td>120日</td><td>150日</td></tr>
</table>

公共職業訓練（離職者訓練）

受講しながら手当がもらえる

失業給付の受給資格がある人なら再就職に必要な技能や知識を身につけるための「離職者訓練」を無料で受講できます。しかも、受講することで1日500円の受講手当がもらえます。また、自己都合で会社を辞めた人でも給付制限が解除されたり、失業給付の給付期間終了後も訓練中なら同額の「訓練延長給付」をもらえたりとメリットがたくさん。さまざまな科目があるので、ハローワークに問い合わせてみましょう。

いくらもらえる?

- 「受講手当」が1日500円（上限額2万円）もらえます（訓練のない日、休んだ日はもらえません）。
- 訓練施設への「通所手当」（＝交通費として1カ月の定期代）が月額4万2500円まで支払われます。
- 受講料は無料ですが、別途テキスト代などがかかることも。

※自己都合退職であっても、給付制限期間が解除され、失業給付が受給できます。
※職業訓練学校に通っている間に失業給付の給付期間が終わったときは、失業給付と同額の「訓練延長給付」を最長2年間受け取ることができます。

どんなときにもらえる?

- ハローワークで適職に就くために受講が必要と認められた場合。
- 職業訓練を受けるために必要な能力等を有すると認められたとき（筆記試験や面接あり）。

どうやって申請する?

ハローワークで申請します。ただし本人が希望していても受講することができないことがあるため注意が必要。
※雇用保険を受給できない特定求職者も求職者支援制度により、求職者訓練または公共職業訓練を受講できます（その際の職業訓練手当は月額10万円となる）。

再就職手当

再就職が決まるともらえる

雇用保険受給資格者が受給資格の決定を受けたあとに、ハローワークの失業給付の給付日数を一定以上残して再就職した場合に支給されます。給付残日数が多いほど（早く再就職するほど）もらえる額も増えます。

ただし、再就職先で1年以上働くことが確実であることが条件。また、自己都合の場合、給付制限期間の最初の1カ月以内に決まったときの給付は、ハローワークなど特定の紹介機関で就職した場合に限られます。

いくらもらえる？

たとえば、基本手当日額5000円で自己都合退社（給付日数90日）の人が、給付制限期間終了の15日後に再就職したら……

（失業給付の残日数が75日＝給付日数90日の3分の2以上ある場合）

➡ 5000円 × 75日間（給付残日数） × 60%（＝0.6） ＝ 22万5000円

失業給付の給付残日数が所定給付日数の3分の2以上ある場合

基本手当（失業給付）日額 × 給付残日数 × 60%

失業給付の給付残日数が所定給付日数の3分の1以上の場合

基本手当（失業給付）日額 × 給付残日数 × 50%

※基本手当は60歳未満なら5830円、60歳以上65歳未満なら4725円の上限あり

どんなときにもらえる？

- 再就職した日の前日の時点で、失業給付の支給残日数が3分の1以上かつ45日以上ある場合。
- 再就職先で1年間働くことが確実。
- 過去3年間同給付をもらっていないこと。

どうやって申請する？

再就職が決まった日の翌日から1カ月以内に「受給資格者証」と「再就職手当支給申請書」をハローワークに提出して申請。その後、約1カ月の調査を経て、支給手続きが開始。

働けない理由によっては条件が変わる！

妊娠・出産、親の介護、夫の転勤で働けない人は注目

退職理由が自己都合であっても、「妊娠・出産のため」「親の介護が必要になったから」「夫の転勤についていく」「病気やケガで働くのが困難になった」などの理由があれば、「特定理由離職者」になり得ます。これに該当すると、離職前の雇用保険加入期間が6カ月以上あれば、12カ月未満でも失業給付が受けられるほか、3カ月の給付制限期間がなくなるというメリットがあります。失業給付が受けられることになった場合でも、先に挙げたような理由ですぐに働けない状況にある人もいるかもしれません。その場合、30日以上働くことができないとわかれば、通常1年間の受給期間がさらに最長3年まで延長できます（傷病手当受給者や退職時年齢が65歳以上だと不可）。ただし、手続きできるのは退職後30日以上たった翌日から1カ月以内なので注意してください。

どちらもハローワークでの手続きとなりますから、思いあたる人は問い合わせてみましょう。

育休中は社会保険料が免除される！

申請すれば育休中も年金額は確保される

毎月給料から天引きされている年金や健康保険などの社会保険料ですが、育児休業中は収入が減るので、支払いが難しくなります。そんな育休中の社会保険料は申し出れば支払わなくても大丈夫。社会保険料は会社との折半ですが、申請すれば会社側もその間は負担が免除されます。年金を払わない期間が将来の年金額に影響がないか気になるところですが、免除期間中も直前の標準報酬月額に従って年金額が確保されるようになっています。

また、年金でいえば育休復帰後の時短勤務などで収入が減る場合も、支払う年金保険料が少なくなるため同じ悩みが生じます。この場合も「養育期間の特例措置」があり、子どもが3歳になるまでに標準報酬月額が下がったときは、その理由や育休取得の有無にかかわらず、手続きすれば減額前の金額で将来の年金額は確保してくれます。働きながら子育てをするときには、ぜひ活用したい制度です。

Lesson 6

届け出だけでもらえるお金

186

出産手当金

産休中もらえて安心

通常、出産の際には産休をとります。その間勤務先から給料が支払われない場合は、産休1日につき、標準報酬日額の3分の2の手当金がもらえます。産休は出産予定日を含む産前休業が42日間（多胎妊娠の場合は98日間）、出産翌日以降56日間が産後休業です。予定より早く、または遅れて生まれた場合は支給額も異なります。出産手当金の額より少ない給与が支払われているときは、その差額が支払われます。

いくらもらえる?

標準報酬日額の3分の2※が1日分の支給額となる。産休日数分の総支給額が申請後、1〜2カ月でもらえます。勤務先から給料が支払われる場合は、その分が支給額からカットされます。

※50銭未満は切り捨て、50銭以上1円未満は切り上げ

たとえば、標準報酬日額が7000円で、産休を98日取得したら……

7000円×2／3×98日＝ 45万7333円

が支給！

どうやって申請する?

手続きは勤務先の担当部署で行うことがほとんど。必要書類（健康保険出産手当金支給申請書と添付書類）を職場の担当部署や健康保険組合、社会保険事務所でもらいます。病院、本人、会社がそれぞれ規定の場所に記入したら、会社または管轄の保険事務所に提出。申請は出産後57日目以降（産後休暇終了後）から可能（忘れていた場合でも産休開始の翌日から2年以内なら全額請求可能）。もしわからなかったら会社の人事部や総務部に相談を。

どんなときにもらえる?

- 健康保険に加入し続けている母親が対象。正社員だけではなく、契約社員・パート・アルバイト・派遣社員も受給できます。
- 国民健康保険の加入者である場合は対象外。
- 出産前42日目から出産後56日までの範囲で休業し、支払われても支給額より少ない場合。
- 出産日が予定よりも遅れた場合は、遅れた日数分もらうことができます。
- 出産日が予定日よりも早まった場合、その日数分が産後休業に加算されることはなく、支給される手当金も少なくなります。

[支給対象になる期間は?]

予定日より大幅に出産が遅れたとしても、その分は産休が取得でき、手当金も支給されます。逆に予定日より出産が早まると、その分は支給されません。また、双子あるいはそれ以上(多胎児)だった場合、産前の42日間は98日間に。

予定日どおりに出産した場合

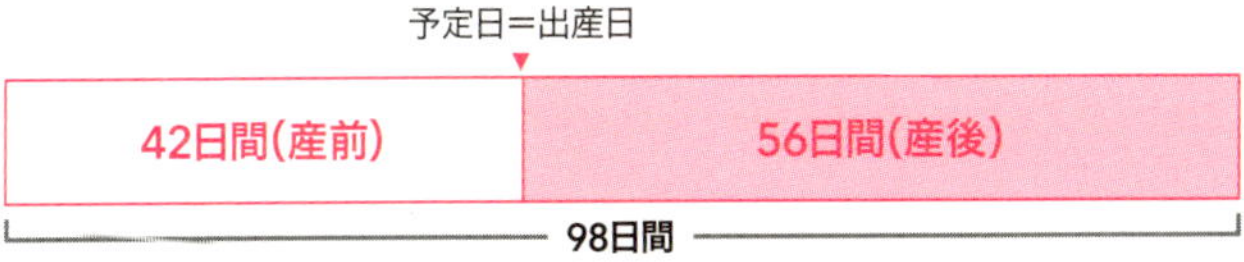

予定日より出産が早まった場合

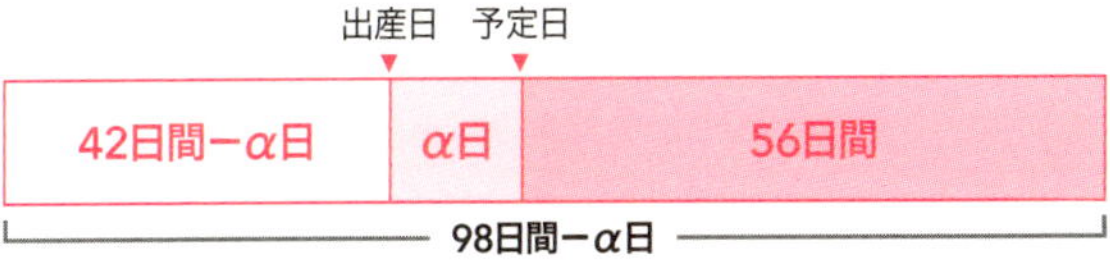

予定日より出産日が遅れた場合

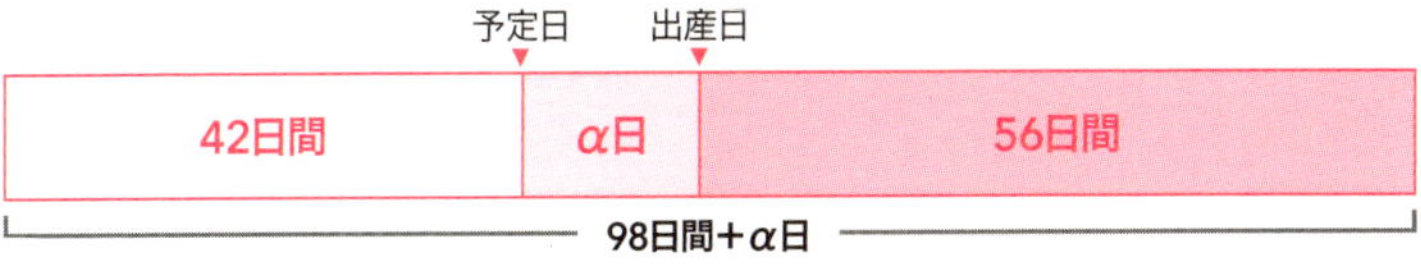

出産育児一時金

窓口負担を軽減！

母親が健康保険の被保険者または被扶養者であるとき、子どもが生まれると支給されます。受給額は1児につき原則42万円。出産後、自分で加入している保険組合に申請するか、出産前に申請して病院が健康保険組合に一時金の請求・受け取りを行ってくれる「直接支払制度」が利用できます。後者は分娩・入院費用が42万円以上だった場合、窓口で差額分のみ払えばOK。それ以下だった場合は差額分を振り込んでもらえます。

どうやって申請する？

産後に申請する場合は加入している健康保険組合に申請。出産前に申請する場合は以下の2通り。

● **「直接支払制度」**

ほとんどの病院が採用。まとまった出産費用を事前に準備するのが負担なら、病院と代理契約合意文書を交わせば、一時金の請求と受け取りを代行してくれるので窓口へ行く負担が減ります（差額分の振り込みは申請が必要）。

● **「受取代理制度」**

小規模医療機関や助産院が採用しています。出産予定日の2カ月前以降に健康保険組合に申請すると、診療所などに直接一時金が支給されます。

どんなときにもらえる？

- 子どもを出産したとき。
- 母親が健康保険や国民健康保険に加入しているか、母親が夫の健康保険の被扶養配偶者であるとき。
- 妊娠から4カ月（85日）以上が経過しているなら、早産、死産、流産、人工中絶になった場合でも支給の対象になります。

いくらもらえる？

1児につき42万円

双子の場合は84万円が支給されます。自治体や健康保険組合によっては、上乗せして付加給付がある場合も。

出産費用の医療費控除

かかった出産費用が戻る

分娩以外でもなにかとお金のかかる妊娠・出産。そこで出産費用から出産育児一時金を差し引いた額も医療費控除の対象とすることができます。所得税の医療費控除（P288）同様、確定申告をすると税金が戻ってきます。出産に関わる医療費とは妊娠中の定期健診費用、通院や入院時の交通費、入院費用などのこと。申請時には領収書（交通費の場合はメモなど）が必要となるので、大事に保管しておきましょう。

どんなときにもらえる？

- 出産費用から出産育児一時金などを引いた額が対象。
- 1年間（1～12月）に支払った家族全員の医療費の合計が10万円（所得が200万円以下なら所得の5％）を超えたとき（ただし、所得税を払っていない場合は戻ってこない）。

どうやって申請する？

源泉徴収票に添えて管轄の税務署に提出（出産に関わる医療費や家族の医療費の領収書などと一緒に）して、確定申告を行います。還付金は申告してから約1カ月ほどで指定口座に振り込まれます。もしわからなかったら、最寄りの税務署に聞いてみましょう。

いくらもらえる？

たとえば、世帯所得650万円の家庭で出産にかかった費用が50万円、そのほか医療費の自己負担額が年間10万円だったら……

60万円－42万円－10万円＝8万円

60万円 → 家族の医療費＋出産にかかった費用

42万円 ＝出産育児一時金

戻ってくる所得税の目安

＝医療費控除額×所得税率※

世帯所得 650 万円なら税率 20％なので

8万円×20％＝1万6000円が戻ってくる！

20％ ＝0.2

※ P289「所得税の医療費控除」内の「所得税率の一覧」参照

Lesson 6

届け出だけでもらえるお金

189

育児休業給付金

働くパパ、ママの育児をサポート

出産後、育児休暇を取得し、職場に復帰する予定なら、雇用保険制度による「育児休業給付金」を受け取れます。雇用保険の被保険者であれば申請可能です。

ただし、育休前の2年間に一定の日数以上働いており、育休後も働き続けるのが受給の条件。受給額は、育休開始から約6カ月は休業開始時賃金の日額×支給日数（＝月額給与）×67％、その後4カ月は50％になります。

どうやって申請する？

産休前に会社から「育児休業給付金申請書」と「育児休業給付受給資格確認票」をもらいます。育休1カ月前に会社に提出すれば、ハローワークへ手続きしてもらえます。詳しくは勤め先の総務・人事部、公務員の人は共済組合へ問い合わせましょう。

いくらもらえる？

休業前の月額給与×67％×育休月数（産後休業後から子どもが1歳になるまでの約10カ月）が受給総額。休業開始前6カ月間の平均給与＝休業前の給与とみなされます。給与にボーナスは含まないが残業代は含まれます。

たとえば、月給22万円で10カ月育休をとったら……

最初の６カ月

22万円×67％×6カ月＝88万4400円

残りの４カ月

22万円×50％×4カ月＝44万円

合計132万4400円

※休業中も給与の8割以上が支払われている人は対象外
※給付金は1カ月あたり28万5621円（67％）、21万3150円（50％）が上限（上限額は毎年8月に変更あり）

どんなときにもらえる?

- 雇用保険の保険料を払っており、職場に復帰する予定があること。
- 1歳未満の子どもを育てるために育児休業を取得したとき（男性も育休をとればもらえます→P306「パパ・ママ育休プラス」参照）。
- 育児休業前の2年間のうち11日以上働いた月が12カ月以上ある場合。

[育児休業が取得できる期間]
育児休業は産休明けから取得できます。

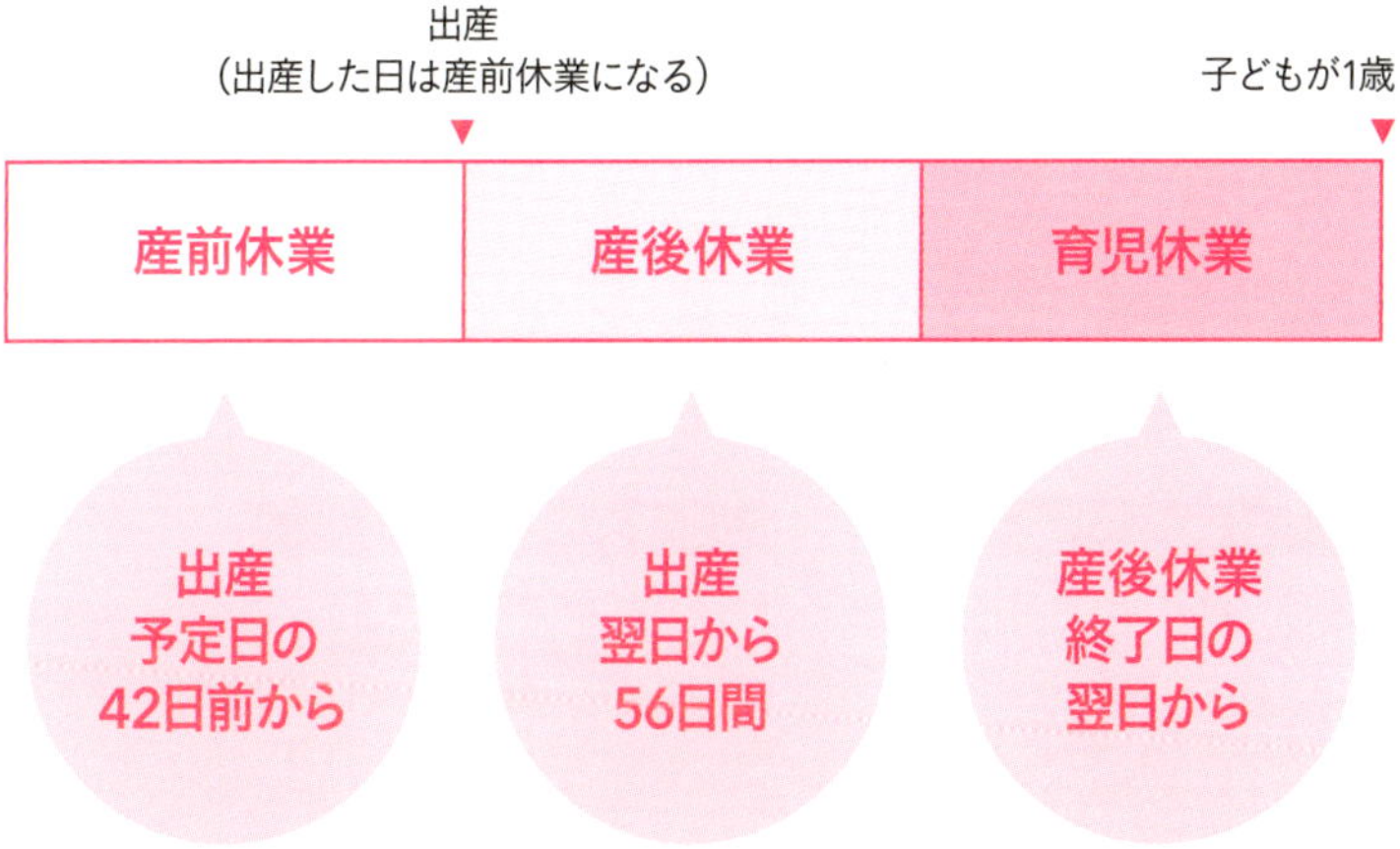

※保育所の入所待ちや配偶者が病気になった、亡くなったなど、特別な事情がある場合は最長1年半の延長が可能

Lesson 6

届け出だけでもらえるお金

190

パパ・ママ育休プラス

育休延長でのびのび子育て

通常、育児休業制度を利用できる期間は子どもが1歳になるまで。しかし、夫婦で育休を取得すれば、子どもが1歳2カ月になるまで期間を延長することができるのが「パパ・ママ育休プラス」です。休業期間は1年が上限(母親は産後休業と合わせて1年)ですが、夫婦それぞれ育児休業給付金がもらえます。また、母親と父親が同時に育休を取得することも、時期をずらすこともできますから、活用法を考えておきましょう。

いくらもらえる?

休業開始時賃金(賃金日額※1)×支給日数の67%(50%)※2

※1 賃金日額とは、原則として、育児休業開始前6カ月間の賃金を180日で割った額です。支給額には上限額、下限額があります。

※2 育児休業の開始から6カ月経過後は50%。

どうやって申請する?

それぞれの勤務先に必要書類を提出(育児休業給付金申込書に配偶者の育休取得について記載すること)。その後は、会社が事業所の所在地を管轄するハローワークに支給申請をしてくれます。

どんなときにもらえる?

- 夫婦が同時に、または交代で育児休暇をとるとき(それぞれ上限は1年、母親は産後休業期間を含む)
- 事実婚カップルも同制度を利用することが可能。

[パパ・ママ育休プラスのお得な活用例]

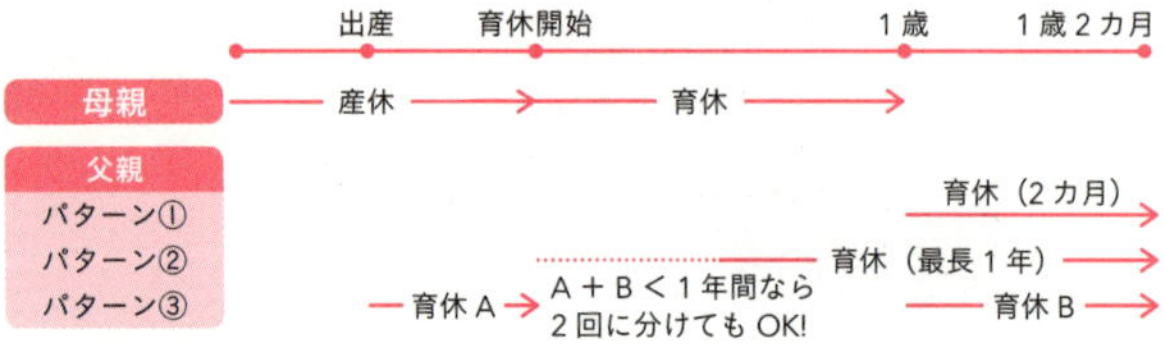

Lesson 6

届け出だけでもらえるお金

191

児童扶養手当

ひとり親家庭だともらえる

未婚での出産、離婚や死別により、ひとりで子どもを育てなくてはならないひとり親家庭がもらえる「児童扶養手当」。対象となる子どもの年齢が18歳になった最初の3月末まで、つまり高校を卒業するまで。受給額は所得や子どもの数によって異なってきますが、子どもが1人で全額支給の場合、月額4万2330円[※1]がもらえます。

また、妻か夫のどちらかがDV被害に遭っており、事実上ひとり親状態にある場合も受給できます。

どうやって申請する?

各市区町村役所に請求者および児童の戸籍謄本、収入証明書などと一緒に児童扶養手当認定請求書を提出。継続したい場合は年に1回、8月に児童の養育状況や前年の所得を確認するための現況届の提出が必要。

どんなときにもらえる?

- 未婚または離婚や配偶者の死亡などで「ひとり親家庭」になったとき（事実婚は対象外）。
- 18歳になった最初の3月末までの子どもが対象（子どもに障害があり特別児童扶養手当を受給していれば20歳まで）
- 裁判所からのDV保護命令を受けている子どもも含まれます。

いくらもらえる?

たとえば、子どもが1人で全額支給される場合……

月額4万2330円なので、4カ月分の16万9320円が4月、8月、12月に振り込まれます。

[児童扶養手当の支給額]

子ども１人	全部支給で4万2330円、一部支給[※1]で9990～4万2330円[※2]
子ども２人	子ども1人の支給額に＋1万円加算、一部支給5000円～9990円
子ども３人以上	子ども1人の支給額に＋6000円ずつ加算、一部支給3000円～5990円

※1 2016年8月からの支給額を記載

※2 所得が限度額を超えると一部支給もしくは支給停止になる　※3 10円未満四捨五入

Lesson 6

届け出だけでもらえるお金

192

未払賃金立替払制度

突然、会社が倒産して……

会社が倒産し、給料が支払われないまま退職することに……。そんな事態になっても、泣き寝入りしてはいけません。毎月の賃金や退職手当が2万円以上未払いになっている人を対象に、未払賃金総額の最大80%を会社に代わって労働者健康安全機構が支払ってくれます。また、退職日の6カ月前の支払いまでさかのぼって、あとから請求することも可能。ただし、ボーナスは対象外となるため、注意しておきましょう。

どんなときにもらえる？

- 1年以上事業活動を行ってきた、労災保険の適用事業所である企業に雇用されたとき。
- 事業活動が停止し再開の見込みがなく、賃金が支払えない中小企業に雇用されているとき。
- 退職日6カ月前から申請前日までに2万円以上の賃金や退職金が未払い。

どうやって申請する？

申請に必要な書類は、所轄の労働基準監督署でもらい、申請手続きは労働者健康安全機構で行います。ただし、会社が倒産後、2年以内に請求手続きをしなければ、立て替えてはもらえないので注意。もしわからなかったら窓口の人に相談を。

いくらもらえる？

退職した日の半年前から立替払請求日の前日までに支払われるはずだった賃金と退職金が対象に。最高で未払賃金総額の80%を受け取ることが可能。ただし、立替払の対象になる未払賃金総額には上限があります（右表参照）。

［未払賃金立替払の上限額］

退職日の年齢	未払賃金の限度額	立替払の上限額
45歳以上	370万円	296万円
30歳以上45歳未満	220万円	176万円
30歳未満	110万円	88万円

（未払賃金の限度額 → 80% → 立替払の上限額）

不妊治療費助成金

高額の不妊治療に困ったら……

不妊治療は健康保険が適用されず、お金がかかるという悩みをよく聞きます。そこで活用したいのが「不妊治療費助成金」。特定不妊治療（体外受精および顕微授精）を受けており、前年の所得が夫婦で合算して730万円未満の夫婦が対象。通算助成回数は初回39歳までは6回、初回40歳以上は3回。2016年4月以降は43歳以上は対象外に。各自治体によって助成内容が異なることも。お住まいの自治体に問い合わせてみましょう。

どんなときにもらえる？

- 夫婦が指定医療施設で体外受精および顕微授精による不妊治療を行ったとき。
- 上記方法以外の治療法では妊娠の見込みがない、または極めて少ないと医師に診断された場合。
- 夫婦の所得が合わせて730万円未満のとき。

[特定不妊治療の種類]

- **体外受精**……卵子も精子も採取したうえで、体外で受精を行います。その後、受精卵（胚）は子宮内に戻します（胚移植）。
- **顕微授精**……体外受精で受精しなかった場合や精子に問題がある場合に行われます。卵子ひとつに対して精子ひとつを注入して受精させます。

どうやって申請する？

指定の特定不妊治療費助成申請書、受診証明書、申請日から3カ月以前までの住民票等を郵送。自治体が指定する医療機関で治療を受けている必要があります。詳しくは各自治体の保健所に問い合わせてみましょう。

いくらもらえる？

助成限度額は治療ステージにより **1回7万5000円〜25万円**

障害年金

もしも障害を負ったら

病気やケガで障害を負って障害認定を受けたときにもらえる年金制度。国民年金加入者で加入期間の3分の2以上保険料を納めている場合は「障害基礎年金」(障害等級1～2級)を受給できます。

また、厚生年金加入者なら加入期間中に初めて医師の診断を受けた傷病の障害である場合の「障害基礎年金」のほかに「障害厚生年金」(障害等級1～3級)ももらうことが可能。受給額は障害等級によって異なってきます。

どんなときにもらえる?

- 医師の診断により障害認定を受けたとき。
- 国民年金保険料を納めた期間が加入期間の3分の2以上、初診日の前々月までの直近の1年間に保険料の滞納がないとき。
- 障害厚生年金の場合、厚生年金加入中に初めて医師の診療を受けた傷病による障害であるとき。

[障害年金の支給対象となる傷病の例]

(1) 眼の障害 (2) 聴覚、鼻腔機能、平衡機能、そしゃく機能、言語機能の障害 (3) 肢体の障害 (4) 精神の障害 (5) 呼吸器疾患の障害 (6) 循環器疾患の障害 (7) 腎疾患、肝疾患、糖尿病の障害 (8) 血液・造血器、その他の障害

いくらもらえる?

「障害基礎年金」の場合、等級により金額が決定。厚生年金加入者はそのほかに、「障害厚生年金(報酬比例の老齢厚生年金額と同額)」が支給されます。

[障害者基礎年金の給付額]

	年額	月額
1級	97万5125円	8万1260円
2級	78万100円	6万5008円

※平成28年4月からの年金額
※子どもの人数などにより加算

どうやって申請する?

本人または家族による年金支給の手続きが必要。各種申込書の準備ができたら、医師に診断書の作成を依頼します。審査期間は3カ月ほど。問い合わせは年金事務所、各市区町村の窓口へ。

Lesson 6

届け出だけでもらえるお金

195

遺族年金

夫、妻に先立たれたら

世帯で生計を維持していた人が亡くなった際、遺族が受け取れる年金が「遺族年金」です。たとえば、夫が亡くなった場合、夫が加入していた年金制度からもらうことになります。亡くなった人が国民年金加入者（自営業など）の場合は「遺族基礎年金」のみ、厚生年金加入者（会社員）の場合は「遺族基礎年金」と「遺族厚生年金」が受給可能。ただし「遺族基礎年金」は18歳未満の子どもがいる配偶者または子に限られます。

どんなときにもらえる？

〈夫が亡くなった場合〉

- 国民年金に加入していて18歳未満の子（障害者は20歳）のいる妻、またはその年齢の子ども。妻がいない場合は子どもが受け取れます（子どもがいない妻は受給不可）。
  ※20歳未満で障害年金の障害等級1～2級の子どもも含まれる
- 厚生年金に加入していれば妻や子ども（あるいは生計を維持されていた遺族の相続優先順位の高い人）が遺族厚生年金をもらえます（子どもがいない妻も受給可能）。
  ※遺族の年収が850万円以上の場合は支給されません。

〈妻が亡くなった場合〉

父子家庭にも遺族基礎年金が原則支給されます。

いくらもらえる？

- 遺族基礎年金は18歳未満の子どもの数によって変わります。子ども1人で**年間約100万4600円、2人で年間122万9100円**など。
- 遺族厚生年金は亡くなった人の収入によって変わります。

どうやって申請する？

亡くなった人の勤務地を管轄する年金事務所に申請。もしわからなかったら、最寄りの年金事務所に相談しましょう。妻の死亡時に55歳未満の夫は遺族厚生年金を受け取れず、子どもを受給権者にする手続きが必要です。

Lesson 6
届け出だけでもらえるお金

196

国民年金基金

個人事業主、フリーターも対象

フリーターやフリーランス、自営業として働いている人が、国民年金に上乗せで年金をもらえるシステムが「国民年金基金」です。会社で働いている人の「厚生年金」と同じような仕組みなので、会社勤めをしている人は加入対象外。複数の給付タイプが用意されているので、自分のライフプランに合ったものを自由に設定できます。掛け金の上限は月額6万8000円ですが、個人型確定拠出年金（個人型DC）にも加入している場合は、その掛け金と合わせて6万8000円以内となります。詳しくは、各都道府県や職種別の国民年金基金に問い合わせてみましょう。

どんなときにもらえる？

- 年金受給開始時に年金額に上乗せしてもらえます。
- 20歳以上60歳未満の自営業や自由業を営む人とその家族で、国民年金の第1号被保険者の人が加入対象になります。
- 60歳から65歳未満の国民年金任意加入者も加入できます。

どうやって申請する？

「加入申出書」を各都道府県の国民年金基金または委託会社（生命保険会社、信託銀行など）へ提出。登録が完了すると加入員証が郵送されます。

いくらもらえる？

加入年数や掛け金を納める口数によって受給金額が異なります。

たとえば、課税所得金額180万円の女性が25歳で加入して1口目にA型、2口目にⅠ型に掛けた場合

月額の掛け金　1万150円（A型の掛金）＋3105円（Ⅰ型の掛金）＝ 1万3255円

1万3255円を60歳になるまで毎月納めていたときに上乗せされる年金額は

65歳から　37万2400円（80歳からは年額24万8300円）

掛け金の種類　口数制で掛け金を選べます。1口目はA型、B型のいずれかを選択しますが、2口目からはこの2つに加えてⅠ～Ⅴ型を組み合わせることができます。

Point!
掛け金は全額、所得税控除の対象となり、所得税や住民税が軽減されます。

型	内容
A型	終身年金（保証期間15年） 65歳から終身支給
B型	終身年金（保証期間なし） 65歳から終身支給
Ⅰ型	確定年金（保証期間15年） 65歳から80歳まで支給
Ⅱ型	確定年金（保証期間10年） 65歳から75歳まで支給
Ⅲ型	確定年金（保証期間15年） 60歳から75歳まで支給
Ⅳ型	確定年金（保証期間10年） 60歳から70歳まで支給
Ⅴ型	確定年金（保証期間5年） 60歳から65歳まで支給

197

付加年金

毎月400円足すだけ！

自営業やフリーランス、アルバイトで生計を立てている人には、国民年金保険料に毎月400円プラスするだけで、将来支給される年金が上乗せされる「付加年金」という制度があります。65歳以上からもらえる老齢基礎年金に200円×保険料納付月数分が毎年付加されます。ただし、国民年金基金と付加年金のどちらか一方しか選択できない点に要注意。手続きは、年金事務所もしくは市区町村役所で行います。

どんなときにもらえる？

- 国民年金の受給開始時に加算されるかたちで支給されます。
- 国民年金の第1号被保険者と任意加入被保険者が加入することができます。

どうやって申請する？

年金手帳と証明登録済みの印鑑を持参して、居住地の市区町村役場で加入手続きをします。職員から受け取った書類を記入して提出。手続き終了後、後日納付書が郵送で届けられ、月額400円の付加保険料を納めていきます。

いくらもらえる？

1年で「200円×付加保険料納付月数」分の金額が、年金額に加算されます。

たとえば、25歳から60歳までの
35年間付加保険料を納めていた場合

200円×420カ月(35年)＝8万4000円

8万4000円が年間の年金額にプラス！

Lesson 6
届け出だけでもらえるお金
198

小規模企業共済

事業主や役員におすすめ

起業して事業主になると、基本的には厚生年金の対象から外れます。「小規模企業共済」は、老後の資金を一時金としてもらえる仕組みです。廃業したときにもらえるものが共済金A、15年以上納めて65歳になったときにもらえるのが共済金Bで、途中で解約できる点が特徴です。納付額は、1000円から7万円まで500円刻みで自由に設定可能。詳細や手続きの方法は中小企業基盤整備機構に聞いてみましょう。

どんなときにもらえる？

- 個人事業を廃業したり、役員を退職した際に支給されます。
- 常時使用従業員20名以下（商業、一部サービス業は5名以下）の事業の個人事業主や共同経営者、役員などが加入できます。

どうやって申請する？

中小企業基盤整備機構から業務委託を受けている団体または金融機関の窓口で申し込みます。加入手続きには契約申込者や預金口座振替申出書などの提出書類のほか、申込金と前納掛け金の準備が必要です。

いくらもらえる？

たとえば課税所得200万円の人が月額1万円の掛け金を10年間納めていた場合

掛け金合計額120万円

共済金Aだと（事業廃止等） **129万600円**

共済金Bだと（老齢給付等） **126万800円** **が受け取れます！**

高額介護サービス費

介護費用が戻ってくる

親が市区町村から要介護認定を受けると「介護保険サービス」を利用できます。その利用限度額は要支援・介護度によって決まり、自己負担はその1割。また、利用限度額を超えた分は全額自己負担です。しかし、自己負担分の上限額を超えた場合、申請をすれば戻ってきます。自己負担限度額は所得によって決まりますが、各市区町村によって条件や金額は異なる場合もあるので、住んでいる市区町村の窓口で確認しましょう。

どんなときにもらえる?

- 要介護認定の申請をし、要介護と判定されると介護サービスが利用できます。
- 自己負担額の上限を超えた場合は、申請をすれば戻ってきます。
- 介護保険被保険証を持っているだけでは認定を受けることはできません。

どうやって申請する?

市区町村の窓口で申請し、まずは要介護認定を受けます。申請は家族や知人、ケースワーカー等、本人以外でも行うことが可能。また、利用限度額を超えた分の払い戻しも市区町村の介護保険担当窓口で手続きが必要です。

いくらもらえる?

- 個人の場合

自己負担上限額が1万5000円で、月4万円を自己負担した場合

4万円ー1万5000円＝ 2万5000円 が戻る!

- 世帯合算ありの場合

自己負担上限2万4600円の世帯※で、1カ月に夫が3万円、妻が1万円負担した場合

夫：2万4600円×3万円／（3万円+1万円）＝1万8450円＞1万5000円で1万5000円が利用者の上限額なので、

負担額3万円ー1万5000= 1万5000円 が戻る!

妻:2万4600円×1万円／（3万円+1万円）=6150円が利用者の上限額なので、

負担額1万円ー6150＝ 3850円 が戻る!

※本人の合計所得及び課税年金収入額合計が80万円以下、老齢福祉年金を受給している場合

Lesson 6

届け出だけでもらえるお金

200

介護休業給付

介護で働けない分を保障

家族に介護が必要になったとき、育児・介護休業法では仕事を休むことができると定められています。その介護休業中に雇用保険から支払われるのが「介護休業給付」。休業できる日数は、介護対象となる家族1人につき93日まで。もらえる金額は原則、介護休業を開始したときの賃金日額の支給日数（30日）の67％です。支給の申請手続きは勤務先、あるいは勤務先の事業所を管轄するハローワークで行いましょう。

どんなときにもらえる？

- 家族が2週間以上、常に介護が必要（要介護状態）。
- 家族とは、配偶者、父母、配偶者の父母（養父母含む）、子ども（養子含む）、または同居・扶養している祖父母、兄弟姉妹、孫。
- 上記条件を満たし介護のために仕事を休んだとき。

どうやって申請する？

会社の所在地を管轄するハローワークで支給申請手続きを行います。勤務先で代行して手続きを行ってくれる場合もあるので、総務部へ聞いてみましょう。もしわからなかったらハローワークの窓口へ相談。

いくらもらえる？

- 介護休業給付の各支給対象期間（1カ月）ごとの支給額は、休業開始時賃金日額×支給日数×67％。※2016年8月1日から
- もらえる日数は介護対象となる家族1人につき通算93日間。

たとえば、日給7000円、介護休業を93日間取得したら……

7000円×93日間×67％＝

43万6170円がもらえる！

※2016年7月31日までに開始した介護休業は、これまでどおり40％が支給される

届け出だけでもらえるお金
心得

一、お金に困っても
泣き寝入りしない

二、入院や離職をしたら
使える制度を確認

三、もらえるお金を
取りこぼさない

※本書に掲載されている情報は2016年6月現在のものです。制度は予告なしに変更・廃止になる場合がありますので、詳しくは該当の自治体や関係機関などにご確認ください。
※各種給付要件は主な条件としてあげているもので、給付金額・給付対象・必要書類は必ずしも当てはまらない場合があります。「もらえる人」や「必要な書類」は記載したもの以外にも詳細要件がある場合もあります。また、書類のほかに印鑑などが必要な場合もあります。詳細については役所や自治体などにご確認ください。
※本書の一部は投資に関する情報提供を目的としたものです。投資にあたってのあらゆる意思決定、最終判断、実際の売買は、ご自身の責任において行われますよう、お願いいたします。投資による損失については、(株)宝島社および監修者は一切、責任を負いません。

丸山晴美 まるやま・はるみ

ファイナンシャルプランナー、消費生活アドバイザー、節約アドバイザー。旅行代理店、コンビニ店長などを経て、2001年からマネーの専門家としてTV、雑誌などで幅広く活躍している。自身の経験をもとにした、初心者にもわかりやすいマネー術に定評あり。雑誌『steady.』の人気連載「教えて！ お金のコト」の監修も務める。著書・監修書に『e-MOOK スラスラわかる！ お金の基本』（宝島社）、『お金が貯まるダイエット』（マガジンハウス）、『本気で始める人の株式投資の教科書。』（リンダパブリッシャーズ）など。

公式ホームページ　http://www.maruyama-harumi.com/

STAFF

Design　坂川朱音（krran）
DTP　藤田ひかる（ユニオンワークス）
Edit & Text　坂井あやの（verb）
Illustration　伊藤美樹

オトナ女子のためのお金の基本200

2016年8月4日 第1刷発行

監　修　丸山晴美
発行人　蓮見清一

発行所　株式会社宝島社
〒102-8388　東京都千代田区一番町25番地
電話　営業03-3234-4621
　　　編集03-3239-0928
http://tkj.jp
振替　00170-1-170829 ㈱宝島社

印刷・製本　株式会社光邦

ISBN978-4-8002-5819-9